ひろばブックス

子どもの"SOS"を見逃さない！保育者だからできること

加藤尚子・著

メイト

はじめに

「子どもを 虐待 から守り、
笑顔にできる一番のキーパーソンは
あなた（保育者）です」

　子ども虐待に関する悲しいニュースがあとを絶ちません。年々、子ども虐待の実態が明るみになり、今では大きな社会的関心となっています。2018年度は、およそ130人に1人の子どもが虐待の被害にあったことがわかっています。この数の裏には、虐待により苦しんでいる子どもがたくさんいるということ、それと同時に子どものことをうまく育てることができずに苦しんでいる保護者、心にゆとりをなくして子どものことを思いはかることができなくなっている保護者がいます。

　保育者は、子どもと保護者の一番身近にいる存在です。子どもの思いをくみ取り、親子のSOSに気づき、そして保護者をサポートすることができる存在です。子ども虐待を予防し、発見し、少しでも早くその問題が解決するように取り組むことができます。またそれだけではなく、今、虐待を受けている子どもにとっては親から受け取ることができない心の栄養を代わりに与えて

くれる存在でもあり、保護者の困難な子育てを支えることができる存在であり、子どもが一番望んでいる親との安心できる関係を実現するきっかけをつくることができる存在なのです。

　この本には、子どもを虐待から守り、保護者の子育てを支えるために、毎日子どもと接している保育者だからこそ気づける子どもと保護者のSOS、そして気づいたときにどうしていけばよいのかが具体的に書かれています。子ども虐待から子どもと家族を救うために最低限必要な知識をわかりやすくまとめました。この本の内容をみなさんが理解することによって、間違いなく虐待によって苦しい思いをしている子どもを救い、保護者のことを支えることができます。内容を覚える必要はありません。「虐待かな？」と迷ったとき、子ども虐待への対応のなかで困ったとき、そのときどきに必要なページをめくり、役立てていただければと思います。

子どもと親の一番近くにいるあなたへ

明治大学
加藤尚子

CONTENTS

『子どもの "SOS" を見逃さない！
保育者だからできること』

はじめに

3章 初期対応
〜まず何をすべきか〜

COLUMN

CONTENTS

1章

児童虐待の現状を理解する

子どもの虐待の相談件数は
年々増加しています。
その現状を見てみましょう。

130人に1人が虐待を受けている

相談件数や内容など、虐待についてのデータを見て現状を理解しましょう。

対応件数の推移
―児童相談所における児童虐待相談―

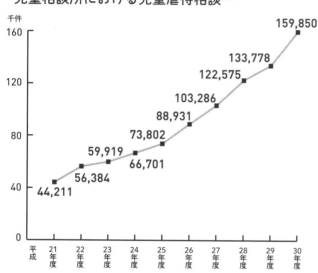

千件

年度	件数
平成21年度	44,211
平成22年度	56,384
平成23年度	59,919
平成24年度	66,701
平成25年度	73,802
平成26年度	88,931
平成27年度	103,286
平成28年度	122,575
平成29年度	133,778
平成30年度	159,850

厚生労働省「平成30年度児童相談所での児童虐待相談対応件数〈速報値〉」より作成
※平成30年度の数字は速報値（2019年9月現在）

データが示す虐待の現状

児童相談所が統計を取り始めた1990（平成2）年以降、虐待の相談件数は年々増加しています。2018（平成30）年までの28年間に145倍以上に増え、現在では、およそ「130人に1人」の子どもが虐待を受けていることになります。

虐待の内容としては、「心理的虐待」がもっとも多く、およそ半分（55%）を占めます。次いで、「身体的虐待」（25%）と「保護の怠慢・拒否（ネグレクト）」（18%）、「性的虐待」が1%あります。

虐待を受けた子どもの年齢を見ると、もっとも多いのが「7～12歳」（33%）で、次いで、「3歳～6歳」（25%）、「0歳～2歳」（20%）と続き、小学生以下の子どもが約8割を占めています。

虐待の種別割合 （2018〈平成30〉年度）速報値
―児童相談所における児童虐待相談―

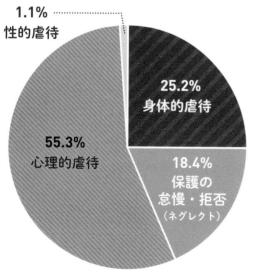

- 1.1% 性的虐待
- 25.2% 身体的虐待
- 18.4% 保護の怠慢・拒否（ネグレクト）
- 55.3% 心理的虐待

厚生労働省「平成30年度児童相談所での児童虐待相談対応件数〈速報値〉」より作成

年齢構成 （2017〈平成29〉年度）
―児童相談所における児童虐待相談―

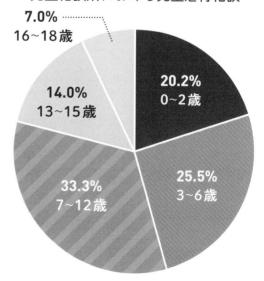

- 7.0% 16～18歳
- 20.2% 0～2歳
- 25.5% 3～6歳
- 33.3% 7～12歳
- 14.0% 13～15歳

厚生労働省「平成29年度福祉行政報告例の概況」より作成

虐待相談件数増加の理由

虐待相談の件数が増えている要因は、大きく二つに分けられます。

要因 1 「虐待の可視化」

―警察による通告が徹底され、「189」ダイヤルにより通報が簡単に―

夫婦間などのドメスティック・バイオレンス（DV）が子どもの前でおこなわれることは、心理的虐待に当たります。DVにより警察が介入した際、その場に子どもがいた場合は児童相談所へ通告することが徹底されました。

また、「虐待かも」と思ったときに連絡する児童相談所の電話番号が全国共通ダイヤル「189（いちはやく）」になり、通報が簡単になりました。

このように、虐待に対する社会の理解が進み、これまで隠れていた虐待が見えやすくなったことが、相談件数増加の一つの要因です。

要因 2 「子育て環境の変化」

―家族形態や社会の変化により、子育ての負担が増加―

昔は、親やきょうだい、親族と同じ家や地域で生活し、みんなで子育てをしていました。しかし現代の日本では、核家族化や子育ては母親がするものという意識から、母親が一人で育児を担う「孤育て」が一般的となり、子育ての負担が増加しています。このような孤立や負担の増加が、家庭の「子育て力」の低下やゆとり不足につながるという指摘もあります。

保育所や子育て支援の不足、社会で子どもを育てるという意識の低さなど、社会的な環境や意識の変化により「子育てしにくい社会」であることも要因と考えられます。

子どもの虐待対応における園の役割とは

園としての役割や虐待のとらえ方について理解しておきましょう。

 役割 1

「子どもを見守り虐待を早期発見する」

園は、子どもと保育者が毎日一緒に過ごし、長い期間その成長を見守っていきます。そのため、子どものちょっとした変化や異常など、「SOSのサイン」にも気づきやすく、虐待をいち早く発見できる立場にあります。子どもの変化をキャッチし、虐待を早期発見することは、園の重要な役割です。

役割 2

「子どもに安心できる養育体験を提供する」

実際に虐待があると認められたあとには、子どもの安全を見守り、つらい生活を支える役割も担います。園では、子どもへの共感や良質な関わりなど、親が与えていない「安心できる養育体験」を提供することができます。

役割3 「保護者を支援する」

親子が一緒に生活しながら支援を受けていく場合には、子どもを見守るのと同時に、保護者を支援していくことも園の大切な役割です。子どもの健やかな成長のためにも、保護者との関わりを大切に、支援を継続していくことが求められます。

役割4 「関係機関と連携し情報共有する」

虐待のある家庭を支えるためには、児童福祉施設や行政など、複数の関係機関による連携が欠かせません。それぞれの機関が保護者と子どもにアプローチして、収集した情報を各機関で共有し、それぞれの役割に生かしていくことが必要です。支援者同士のネットワークづくりも、園の重要な役割です。

虐待の種類

虐待には、「身体的虐待」「ネグレクト」「心理的虐待」「性的虐待」などが
あります。それぞれの特徴を理解しておきましょう。

種類 1 「身体的虐待」

● 子どもの身体にケガをさせたり、その恐れがある行為をすること

殴る、蹴る、投げる、縛る、やけどをさせる、タバコの火を押しつける、戸外に閉め出す、無理やりものを食べさせる、などが挙げられます。

その結果、ケガをしたり、あざができたりと、目に見える形で現れるため、発見されやすい虐待といえます。

● 低年齢の子どもでは生命が脅かされるリスクがあります

身体的虐待は、とくに年齢の低い子どもにとっては生命を落とすことにもつながりかねない虐待といえます。なかでも、次のようなケースは注意が必要です。

☐ 頭や顔にケガがある場合

→ 重大なケガになる可能性があること、見える場所にケガをさせたということで、親が自分の衝動を抑えることができないほど感情的になっているということを示しています。

☐ 虐待を受けている疑いがある子どもが園を長期間休んでいる場合

→ 傷やあざがあることを見られたくないために休ませている可能性があります。虐待を受けている疑いのある子どもが1日以上休んでいる場合は、関係機関と必ず連絡をとり、子どもの安全確認をおこなうことが必要です。

種類 2

「ネグレクト」

● 子どもの保護と基本的な養育を著しく怠ること

食事を与えない、お風呂に入れない、乳幼児を一人で放置する、
スキンシップや愛情を与えない、などが挙げられます。
世話をしないことだけでなく、愛情や関わりを向けないこともネグレクトに当たります。子どもは大人からの愛情を支えに生きていくため、愛情や関心をもたれないことは、植物に水や栄養が与えられないのと同じように、心を枯らすことにつながります。

● このような行為もネグレクトです

上記に挙げた基本的な行為のほか、以下のような行為もネグレクトに当たります。

☐ 保育所や幼稚園の登園時間を守らない

☐ 朝、子どもを起こさない、朝食を食べさせない

☐ 行事に参加させない、行事費や給食費などを支払わない

☐ 病気やケガ（アトピー性皮膚炎や虫歯なども含む）があるのに受診や治療・ケアをしない

☐ 家族から身体的虐待や性的虐待、DVなどがあることを知っていながら放置する

種類
3

「心理的虐待」

● 子どもに著しい心理的外傷を与える言動をおこなうこと

子どもの存在を否定するような「おまえなんかいないほうがいい」「死んでしまえ」「殺してやる」などの暴言を吐く、無視をする、きょうだい間で差別する、などの行為が挙げられます。「面前DV」という、子どもの前でDVがあることも心理的虐待になります。また、子どもがDVの場面を目撃していなくても、家庭内でDVがあれば心理的虐待になります。

● 家庭内でのDVは子どもの心に大きな傷を残します

子どもにとって、親は「子どもに安心を与える源」です。とくに、母親が父親に暴力をふるわれるという、頼るべき存在が攻撃され安全をおびやかされる体験は、子ども自身の安全と安心がおびやかされることと同じであり、深いトラウマ体験となります。また、DVのある家庭では、子どもは自分がどのような態度をとればいいか心理的葛藤を抱え、父親、母親どちらの味方をしても、強い不安や葛藤、罪悪感、暴力などにさらされることになります。そのため、DVがある家庭では子どもへの直接的な暴力が多いこともわかっています。

種類 4 「性的虐待」

● 子どもにわいせつな行為をすること、させること

いわゆる性的行為のほか、子どもの身体を性的な意図をもって
さわる、性器をさわる、虐待者の身体や性器をさわらせる、見
せる、ポルノグラフィーの対象にする、両親の性的行為を見せ
るなど、子どもの年齢や発達にそぐわない、過度の性的刺激に
さらすことすべてが該当します。
性的虐待は、女児だけでなく男児も対象となり、実際の件数は、
現在把握されている件数より多いと考えられます。

● 性的虐待が表面化しにくい理由

性的虐待は、虐待のなかでもっとも発見されにくく、対応のむ
ずかしいものといわれています。その理由として以下のことが挙
げられます。

☐ 家庭内でも人に見られない場所でおこなわれ、表面化しにくい
☐ とくに幼い子どもの場合、子ども自身が気づいていない、い
　えないこともある
☐ 周囲の大人にも抵抗感があり、「まさか」という気持ちから認
　めにくい、対応が鈍くなりやすいことがある
☐ 父親や義父が加害者の場合、母親が性的虐待があることを信
　じない、認めないことや、知っていても対応しないことがある

種類 5 「その他〜特殊な虐待」

● 揺さぶられっ子症候群

身体的虐待の一つで、泣き止まない赤ちゃんにイライラするなどして、乳児の身体を激しく揺さぶることで起こります。それにより、頭蓋内出血や脳挫傷、頸椎骨折などが起こり、知的・身体的発達の障害が残ったり、重症心身障害児として寝たきりになってしまったり、最悪の場合は死亡することもある、大変危険な虐待です。

● 代理によるミュンヒハウゼン症候群

子どもを病気にして、献身的に看護をすることで親が満足するという虐待です。この虐待には二つのタイプがあり、一つは、医療者に嘘の申告をするというものです。「夜になると熱が出る」「家でひきつけのような症状を起こした」などと申告したり、体温や尿検査の結果をねつ造したりします。

もう一つは、実際に子どもの身体に危害を加え、症状をつくり出すものです。子どもに下剤などを飲ませたり、食べ物に毒性のあるものを混ぜたりして症状をつくり、訴えます。

親の目的は子どもを傷つけることではなく、子どもを献身的に世話する親として注目されたり、ほめられたりすることで、行為をくり返すうちにどんどんエスカレートする危険もあります。

医療者からすると、一見、献身的でよい保護者に見え、「まさか嘘をついて虚偽の症状をつくり出している」とは思わないことから、表面化しにくい虐待といえます。

虐待としつけの違いとは

虐待としつけの違いは、とても明確です。その判断のしかたを理解しておきましょう。

Point 1 「親の視点ではなく子どもの視点で考える」

「どこまでがしつけで、どこからが虐待なのか」「親が愛情をもってすれば、それはしつけだ」などということを聞きます。しかし、虐待の判断に、親側の意図や愛情の有無など、親の考えは関係ありません。親がどう考えていようと、子どもの立場になったとき、親の行為でその身体や心が著しく傷ついたり、成長・発達や生活に支障が生じている場合、その行為は虐待といえます。虐待かどうかを考えるときは、子どもの視点で親の行為を判断することが必要です。

Point 2 「本来の"しつけ"とは」

しつけとは、「他律から自律へ、行動や規範、道徳心を内面化させること」です。つまり、社会で生活する多くの人が共有する「望ましい基準」を、子ども自身のものとして身につけさせるプロセスをいいます。人からいわれなくても、人が見ていなくても、正しく望ましい行動がとれることが「よくしつけられている」状態と考えられます。

善悪の判断や感情のコントロールができない子どもに対し、ものごとの善悪の判断基準や道徳心、良心、欲求や感情をコントロールする力を教えていくことこそ「しつけ」です。しつけをするための基盤となるのは、深い信頼と安心に基づく親子の絆であり、暴力による恐怖や苦痛ではありません。

虐待が起きる要因とは

虐待は特別な人にだけ起こるものではなく、どの家庭にも起こる可能性が
あります。いくつもの要因が関わりますが、その内容を理解しておきましょう。

要因 1 「保護者の要因」

● 妊娠・出産・育児のなかで起こるもの

10代など若年の妊娠や望まない妊娠では、妊娠を受け入れられ
ず、生まれた子どもに関心がもてない、あるいは、うまく育てら
れないことにつながる可能性があります。

妊娠中のトラブルや病気、夫婦関係の変化などが、子どもを受
け入れる気持ちに影響を及ぼすこともあります。

また、妊娠・出産・産後の時期は、ホルモンバランスの変化など
により、女性の心が大きく変化する時期です。産後、マタニティ
ブルーズという一過性の軽いうつ症状を体験する人は約30％、
その後、さらに深刻な産後うつになる人は約10％いるとされて
います。このような精神の不安定さや、大変な状況で適切なサ
ポートを受けられない状況などによって、親子のよい関係をつく
ることが妨げられることがあります。

● 保護者自身の性格の問題によるもの

もともと感情的になりやすいところがある人や、攻撃的、衝動
的な性格の人などは、感情のコントロールがうまくできなくなる
可能性が考えられます。とくに、怒りの感情を抑えることができ
ない人は、育児で自分の思うようにならないことが続き、イライ
ラが募ったときなどに、虐待につながりやすいと考えられます。

● 精神疾患や病気などの不健康から生じるもの

知的障害や慢性疾患、アルコール依存症、薬物依存症、医療につながっていない精神疾患などがある場合にも、育児において適切な養育行動がとれないことや、感情をコントロールできないことがあります。

10代の若年層や、精神的に成熟できていない場合なども、育児へのストレスや不安が募りやすくなります。そのため、保護者に病気がある場合や、若年者である場合には、より手厚いサポートが必要と考えられます。

要因 2 「子どもの要因」

まず最初に理解しておくべきは、虐待が起こることは決して子どもの責任ではなく、子どもにはまったく非がないということです。ただし、親子の相性や、育児における親の負担の増大によって、虐待につながることもあります。

● 未熟児や障害、病気がある子の場合

生まれた子が未熟児の場合や、障害や病気がある場合、「元気に産んであげられなかった」という親の自責の念や将来への不安などが、子どもへのネガティブな感情につながることがあります。
また、入院などによって親子が切り離されている時間がある場合、一緒に過ごす時間やスキンシップなどの不足により、親子のアタッチメント（愛着）形成が不充分になることもあります。

● 発達障害などにより親子の絆が形成されにくいことも

自閉症スペクトラム障害など、発達障害がある子どもとは、気持ちのやりとりがむずかしいことがあります。目と目を合わせて気持ちを共有することや、親が子どもの感情を読み取ることがむずかしいことなどにより、親子の情緒的な結びつきが築きにくくなることがあります。
また、だっこをしてあやしても泣き止まなかったり、子どもの身体に親がふれることを子どもが嫌がるようなそぶりを見せたりすると、親は落ち込んでしまいます。そのような無力感や自信喪失が、親子関係の妨げになることもあると考えられます。

● 発達障害などにより親の身体的・精神的負担が大きくなることも

発達障害のなかでも、とくにADHD（注意欠損・多動性障害）があると、子どもの「何かをしたい」という思いや衝動が、それを我慢する気持ちより強くなるため、親の負担は大きく増えます。例えば、外出先で走りまわったり、思い通りにならないと大騒ぎしたりして、周囲の人から「親のしつけがなっていない」という視線を向けられることもあるでしょう。発達障害ではなくても、なかなか泣き止まない、かんしゃくもち、過敏など、子どもがもって生まれた気質によっても、同様のことが起こる可能性があります。

園などの社会生活でも、親の負担は大きくなります。友達とのトラブルや、園生活を送る上での問題行動などにより、親は周囲への謝罪や説明、子どもへの指導などに追われることになります。

親が自分のできる限りの努力をし、子どものためにがんばっているのに、子どもの状態がよくならず、周囲から批判されることは、親としての自己肯定感や自信を失わせ、大きなストレスになります。

このような、身体的・精神的負担の増大が、子どもへの怒りや拒否的な感情の原因となり、虐待に結びつく可能性もあると考えられます。

要因 3 「養育環境の要因」

● 家庭内のストレスが高い場合は要注意

虐待は、親や家庭内のストレスが、力の弱い子どもに向かうものといえるため、家庭のなかでのストレスの高さが一番のリスク要因になります。

未婚や単身家庭、親が仕事で多忙すぎる家庭では、子育てに対する負担やストレスが大きくなることが考えられます。また、親が失業や転職をくり返すなど、経済的に不安定な家庭や、貧困、DVがある、夫婦仲が悪いなど、夫婦関係が不安定な家庭も、親の精神状態が不安定になり、ストレスが高まりやすい要因になります。

● 虐待が起きた家庭の調査結果

虐待が起きた家庭の調査によると、以下に挙げたような家庭で虐待が多く発生していると報告されています。

□ 内縁の夫や妻、関係のよくわからない同居人がいる
□ 不特定多数の大人が頻繁に出入りしている
□ 子ども連れの再婚家庭
□ 転居をくり返している
□ 地域社会から孤立し、親族とのつきあいもない
□ 母親が妊娠中に定期健診を受けていない
□ 出産後に乳幼児健診を受けていない

もちろん、これらの家庭がすべて虐待につながるということではありませんが、リスク要因として注意が必要です。

● 周囲とのつながりの希薄さ

転居をくり返している家庭や、親族や地域社会から孤立している家庭などは、父母の人とのつながりを形成する力が乏しく、周囲との関係が希薄であることが考えられます。

その理由として、祖父母やきょうだい、親族などとの関係がよくない、あるいは希薄なこと、父母が育った家庭の養育力が不足しており、祖父母に子どもである父母を支援する力がないことなどが考えられます。

また、子どもの生活や交友関係などを考えると、頻繁に転居をくり返すことは望ましいとはいえません。両親の転勤など、やむを得ない事情がないにも関わらず、安易に転居や転園をくり返す場合は、子どもへの配慮や共感が乏しい親であると考えられるかもしれません。

要因 4

「その他の要因（世代間連鎖）」

● 虐待された子どもが親になり、自分の子を虐待する

虐待の世代間連鎖とは、虐待された子どもが親になったときに自分の子どもを虐待する現象のことをいいます。虐待された経験をもつ親の約25～50％が、自分の子どもを虐待してしまうといわれています。世代間連鎖が起こる理由として、以下のようなことが挙げられます。

　虐待を受けて育った人は、
□ 叱ったり、たたいたりする以外の子育ての方法を知らない
□ 自分が悪い子だから虐待されたと考え、自己肯定感が低い
　　⇒子どもを暴力で支配することで自分にも力があると思いたい
□ 他人のことを「自分を傷つける存在」と思いがち
　　⇒育児で思い通りにいかないことがあると「自分を困らせようとしている」「バカにしている」と怒りを感じやすい
□ 親に甘えたり、欲求を満たしてもらったりという経験が少ない
　　⇒子どもに欲求を満たしてもらおうという思いが、自己を優先させる行動につながる

※虐待を受けたすべての人が、自分の子どもを虐待する親になるわけではありません。

2章

SOSの
サインを
読み取る

虐待に対応するためには
子どもや保護者の
異変に早く気づくことが大切です。
虐待を見抜く目を養いましょう。

子どもからの SOS を読み取る！

園は子どもが毎日来て長時間過ごす場所なので、
保育者はふだんと違う子どもの様子に気づきやすい立場にあります。
あらゆる場面で、子どもから発せられる SOS のサインを読み取る力をつけましょう。

身体的虐待　心理的虐待　ネグレクト　性的虐待　アイコンは、行動やしぐさなどの「サイン」に対して、該当する可能性のある虐待の種類を示しています（色のついた部分が該当する可能性を示す）。

身体に関すること

☐ 不自然な傷やあざ、やけどのあとがある

身体的虐待　心理的虐待　ネグレクト　性的虐待

着替えの際に傷やあざ、やけどなどの外傷がないか、よく観察しましょう。虐待による外傷の場合、子どもに「どうしたの？」と尋ねても、口ごもったり、つじつまの合わない答えが返ってくることがあります。小さな傷であっても、説明のつかないケガがくり返される場合は虐待と考えて対応します。服に隠れて見えないところに、つねったようなあざがある場合も要注意です。おしり、性器の周辺、おなか、体の側面などは、ぶつかったり転んだりといったことでケガをしにくい部分です。

☐ 頭部や顔面に外傷が見られる

身体的虐待　心理的虐待　ネグレクト　性的虐待

頭部や顔にたたかれたような傷やあざがある場合は、重大な事故につながることがあるので注意が必要です。また虐待をする人が怒りの感情をコントロールできなくなっている可能性も考えられます。保護者と子どもにそれぞれケガの理由を質問して、納得できる答えが返ってこない場合は、緊急対応します。

☐ ネグレクトによる外傷

身体的虐待　心理的虐待　**ネグレクト**　性的虐待

常に体のどこかに、ぶつけたような傷やあざがあるというように、ケガをくり返しているような場合も注意が必要です。

保護者が自宅で安全上の配慮を怠ったり、きょうだいげんかを放置しておいたりするなど、子どもをしっかり見守らないために、ケガややけどを負うことがあります。

直接、殴る、蹴るなどの暴力をふるうのではなく、親が安全上の配慮を怠る場合も、ケガがくり返される可能性が高いことを認識しておきましょう。

☐ 虫歯が多いのに治療をしない

身体的虐待　心理的虐待　**ネグレクト**　性的虐待

歯みがきなどの口腔ケアを怠っていると虫歯が増えますが、決まった時間に食事をきちんと提供しないなど、規則正しい食習慣が確立されていないことも虫歯の原因になります。いつでも好きなときにお菓子を食べさせるなど、口のなかに食べ物が入っている時間が長いと、虫歯のリスクが高まります。

虫歯が多いのに、治療をしないで放置している場合も、子どもの食生活や健康状態に無関心ということがうかがえ、虐待のリスクが高いといえます。

子どもからの SOS を読み取る！

☐ 同年齢の子どもに比べて極端に低身長、低体重

身体的虐待　心理的虐待　**ネグレクト**　性的虐待

特別な病気がないにも関わらず、同年齢の子どもと比較して著しく身長が低かったり、体重が軽い子どもがいます。さらに家庭で長期間過ごした休暇のあとに体重が極端に減少しているケースは緊急対応が求められます。

食事の量や栄養が不足しているのはもちろんですが、保護者との間の愛情あふれる身体的接触や情緒的交流が欠けているために、成長ホルモンの分泌が抑制されて、発育が悪くなることがあります。

生活に関すること

☐ 服や身体がいつも汚れている

身体的虐待　心理的虐待　**ネグレクト**　性的虐待

お風呂に入っていなかったり、服が汚れていたり何日も同じ服を着続けているなど、いつも不衛生な状態でいる子どもはネグレクトとして対応します。また季節や天候に合っていない服装や、サイズの合っていない服を着ている、園に着替えを持ってこない子もいます。保護者自身に精神的なゆとりがないと、子どもの身になって考えることができなくなります。

☐ おむつを交換しないまま登園する

身体的虐待　心理的虐待　**ネグレクト**　性的虐待

まだおむつの外れていない小さな子どもは、尿でパンパンの紙おむつをはいたままの状態で登園してきたり、おしりが蒸れてかぶれているといったことも指標になります。夏場はあせもの状態もチェックしてください。アトピーなどの医療的ケアが必要な子どもが保湿や軟膏を塗るなどのケアをしておらず、症状が悪化しているケースもあります。

☐ 忘れ物が多い

身体的虐待　心理的虐待　**ネグレクト**　性的虐待

忘れ物が多い、持ち物が整っていないなども注意が必要です。ハンカチや着替え、お手ふきタオルやコップなどの園生活に必要なものを持ってこない、体操着や水着などを持ってこないために子どもがいつも園のものを借りる、または園の活動に参加できないなどの様子が見られます。

保護者から園あての連絡や回答がないということも、子どものことを考える余裕がない状況を表しています。

☐ 食に対するこだわりが強い

身体的虐待　心理的虐待　**ネグレクト**　性的虐待

昼食をむさぼるように食べたり、ほかの子どもと比較して量が少ないと怒り出したり、おかわりを何度も要求する姿が見られたら要注意。家庭で充分な食事を摂っていないだけでなく、精神的な飢餓感が要因になっていると考えられます。

食事を与えられていないために、登園直後や午前中は元気がないことも多く、家庭で長時間過ごすことになる長期休暇のあとには、体重が減っていたり、ぼんやりしていることが多くなります。

また常にコンビニのおにぎりやカップ麺で済ませるなど、バランスの悪い食生活を送っているため、様々な味に対する経験が少なく、好き嫌いが激しい子もいます。

子どもからの SOS を読み取る！

☐ 午睡の時間に過度の緊張・甘え

`身体的虐待` `心理的虐待` `ネグレクト` `性的虐待`

午睡の時間は、様々な問題が表出します。虐待を受けている子どものなかには、なかなか寝つくことができない子がいますが、ストレスを受けたときの緊張状態が、ストレスが解除されたあとも続く「過覚醒」の状態にあると考えられます。

また、保育者が添い寝したときに、甘えが出て、過度に身体接触を求めてくる子どももいます。午睡の時間に自慰行為を始めるなど、性的な行動が現れることで、性的虐待の発見につながることもあります。

情緒に関すること

☐ 感情の伴わない目で相手を凝視する

`身体的虐待` `心理的虐待` `ネグレクト` `性的虐待`

虐待の種類や子どもの性格にもよりますが、感情の伴わない目で凝視するような表情を見せます。これは「かい離」と呼ばれる意識の障害が起きている可能性があります。虐待する側からは反抗的な表情にも見えるので、「なんだ！ その目は！」と怒鳴られるなど、さらに虐待が激しくなるケースも見られます。

☐ 些細なことでひどく怒る

身体的虐待　**心理的虐待**　ネグレクト　**性的虐待**

例えば、遊びのなかで順番を抜かされたことにひどく怒り出したり、パニックを起こす子どもがいます。または、遊びのなかで自分の思い通りにならないことがあると長時間泣きわめいたりする子どももいます。遊びやルールを自分の思い通りにしたがったり、周囲のいうことを聞かなかったり、うまくいかないと、暴言や暴力に訴えることもあります。大切にされた経験がないために力を基準に友達と関係をもち、自分がバカにされたと思うと激しく怒ります。

☐ 感情の振れ幅が大きい

身体的虐待　**心理的虐待**　ネグレクト　**性的虐待**

保育者が注意をしたことがきっかけで激しく泣いていた子どもが、すぐにケロリとなって同じ保育者に甘えてくることがあります。周囲の人間が戸惑ってしまうほど、感情の振れ幅の大きい子どもは虐待を疑う必要があります。

☐ 特定の場所を嫌がる

身体的虐待　**心理的虐待**　ネグレクト　**性的虐待**

トイレや薄暗い場所など、特定の場所を嫌がることがあります。これは罰として、トイレや暗い場所に閉じ込められた、そのような場所で殴られたなど、強いトラウマがある可能性があります。なぜ嫌なのかを探りながら、虐待を疑う必要があります。

子どもからの**SOS**を読み取る！

☐ 自傷行為

`身体的虐待` `心理的虐待` `ネグレクト` `性的虐待`

小さな年齢では、血がにじむほどつめをかんだり、唇をなめたり、髪の毛を抜いたりすることもあります。ときには、頭を壁に打ちつけることも。真っ黒な絵を描くなどの場合には、何らかの心理的な影響が考えられます。子どもの様子が以前と違ってきたときや何らかの問題行動が現れたときも虐待を疑う姿勢が必要です。

他人との関わりに関すること

☐ 他人に暴力をふるう

`身体的虐待` `心理的虐待` `ネグレクト` `性的虐待`

感情や衝動のコントロールが苦手なため、小さな年齢ではかみつきが見られたり、ほかの子どもや保育者をたたいたり、蹴ったりすることがあります。その結果、ほかの子どもたちから嫌われたり、怖がられたりして敬遠されるようになります。また、ほかの子どもにケガを負わせてしまってトラブルに発展するケースも見られます。

☐ 謝ることが苦手

`身体的虐待` `心理的虐待` `ネグレクト` `性的虐待`

年齢にもよりますが、友達をたたいたりしたあと、「ごめんなさい」と謝ることができない子どもがいます。虐待を受けていて自己肯定感が低い子どもが非を認めると、自分の存在自体がおびやかされるように感じてしまうためです。
そんなとき保育者は無理強いせず「謝りたい気持ちはあるけれど、今は謝りたくないんだよね」と気持ちを受け止め、謝ることができたら「よくいえたね」とほめてあげることが大切です。

☐ 暴力的な言葉づかい

身体的虐待 **心理的虐待** ネグレクト 性的虐待

保育者やほかの子どもに対して「ぶっ殺すぞ！」「殴られたいか！」など、子どもがつかうとは思えない、激しい言葉が出てきたら注意が必要です。日常的に虐待されている子どもが、大人からいわれた言葉をそのまま他人に対して発していることが考えられます。

☐ 保育者に「試し行動」をする

身体的虐待 **心理的虐待** ネグレクト 性的虐待

虐待を受けている子どもにとって、暴力をふるわない大人はかえって不安を感じる存在です。そこで、自分に対してやさしい保育者を「試し行動」の対象として、「どこまでやったら怒り出すのか」を確かめるため、あえて叱られるような行動をくり返すことがあります。保育者が怒ると納得して「試し行動」は止まりますが、それは子どもがもつ「大人は怒るもの」というイメージを強化してしまいます。叱らず、子どもの気持ちを言葉にしながら、不適切な行動を制止していくことが大切です。

☐ 赤ちゃん返りが見られる

身体的虐待 **心理的虐待** **ネグレクト** **性的虐待**

一人でできていた着替えができなくなったふりをしたり、だっこをせがむなど、頻繁に保育者に甘えてくるのも要注意。自分のために大人が何かしてくれたり、ニーズを満たしてくれることが少ない子どもは、保育者の関心をひくために、赤ちゃん返りをすることがあります。ただし、きょうだい（赤ちゃん）が生まれたときなど、虐待を受けていない子どもにもよく見られる行動なので、ほかのサインとあわせて判断することが大切です。

子どもからの SOS を読み取る！

☐ 独占欲が強い

`身体的虐待` `心理的虐待` `ネグレクト` `性的虐待`

虐待を受けている可能性のある子どもは、初対面の保育者や実習生にも臆せずに近づいて、自分の相手をしてもらおうとします。ベタベタと甘えて、ほかの子どもと遊ぼうとすると怒り出したり、すねたりして独占しようとします。このように誰にでも無差別に甘える一方で、甘えた対象者と別れるときに、別れを惜しむ様子をまったく見せないこともあります。

☐ 虐待の再現のような遊び

`身体的虐待` `心理的虐待` `ネグレクト` `性的虐待`

人形を殴ったり、動物や虫をいじめたりするなど、虐待を受けている子は、まるで虐待を再現するような一人遊びをすることがあります。そのほか、友達を家来のように扱ったり、思い通りにしようとするなどの様子が見られたら、虐待を疑う必要があります。虐待を受けている子は、自分がされていることを友達や動物にもおこなってしまうことがあるのです。

☐ いじわるをする

`身体的虐待` `心理的虐待` `ネグレクト` `性的虐待`

家で我慢させられているようなことがあると、友達や動物などにいじわるをすることがあります。悪口や嫌味をいってしまうような子は、心理的虐待を受けている可能性があります。自分の気持ちを思い通りに表現できないために、うれしいことがあっても、いじわるをしてしまうことがあります。子ども同士の会話にも気を配ることが大切です。

☐ 保護者から離れたがらない

身体的虐待 **心理的虐待** **ネグレクト** **性的虐待**

親がうつ病やアルコール依存症など精神的に不安定な状態にあり、ネグレクトをしている場合、登園時に子どもが親から離れることを嫌がる場合があります。親がこのままどこかに行ってしまって、迎えに来てくれないのではないかという不安を抱くためです。

☐ 帰りたがらない

身体的虐待 **心理的虐待** **ネグレクト** **性的虐待**

保護者が迎えに来ても無反応だったり、保護者と視線を合わせないなどの様子が見られたら、注意が必要です。安心して過ごすことができる園から離れて、保護者の暴力などに耐えなければならない家庭に帰ることに不安になっている可能性があります。お迎えのときの子どもの様子を観察することは大変重要です。

性に関すること

☐ 性的な関心が強い

身体的虐待 心理的虐待 ネグレクト **性的虐待**

年齢に見合わない性的行動や性的関心を見せる子どもは要注意。保育者に体をすりよせてきたり、保育者に甘えるときに胸や股間をさわってきたり、下着のなかに手を入れようとしてくる、またほかの子どもの服を脱がせるといった行動が見られたら、性的虐待が疑われます。

保護者の様子から SOS を見抜く!

保育者は、保護者とも毎日顔を合わせています。子どもへの接し方や、
保護者の心身の健康状態、ほかの保護者との関わり方に注目しましょう。
子どもの様子とあわせて考えると、SOSのサインに気づきやすくなります。

子どもの養育に関すること

☐ 登園時間に遅刻したり、行事への不参加が目立つ

`身体的虐待` `心理的虐待` **`ネグレクト`** `性的虐待`

保護者の都合やその日の気分で登園時間を守らなかったり、頻繁に
休ませたり、園の行事にも参加させないケースはネグレクトが疑わ
れます。子どもにとって園での生活は大切であるにも関わらず、親
として子どもの生活を尊重する意識が低く、子ども本位に考えられ
ない状況がうかがえます。

☐ 何かと理由をつけて欠席させる

`身体的虐待` `心理的虐待` **`ネグレクト`** `性的虐待`

保護者が子どもに暴力をふるったために、目立つあざが残ってし
まった場合、虐待の疑いをかけられることを恐れて休ませることがあ
ります。このケースは重大事例につながることがあるので緊急対応
が求められます。身体的虐待の疑いがある子が園を休んだ場合は、
関係機関と連絡をとって、子どもの安全を直接確認してください。

☐ 医療的ケアを受けさせない

身体的虐待　**心理的虐待**　**ネグレクト**　性的虐待

子どもがアレルギーやアトピーなどの慢性疾患を患っていて医療的ケアが必要であっても、継続的に治療を受けさせず、症状が悪化している、または腹痛やケガなどで苦しんでいる子どもを病院に連れていかない保護者は要注意。園から「熱が出たので、迎えにきてください」と連絡しても、なかなか迎えに来ないことが続く場合も注意が必要です。

☐ 人前で子どもに暴力をふるう

身体的虐待　**心理的虐待**　ネグレクト　性的虐待

保育者やほかの保護者がいる前で、平気で子どもに対して暴言を吐いたり、暴力をふるう行為は決定的なサインです。体罰をしつけの一環としてとらえていて「子どものためを思ってたたいている」と考えているので、不適切な行為だと思っていないことも。ただし、なかには感情のコントロールがきかなくなっているために、人前にも関わらず手が出てしまう保護者もいますが、子どもにとって苦痛であることには違いありませんので、注意が必要です。

☐ きょうだい間で特定の子を差別する

身体的虐待　**心理的虐待**　**ネグレクト**　性的虐待

きょうだい全員を等しく虐待しているケースもあれば、特定の子どもだけを虐待しているケースもあります。親にとってその子がとくに反抗的だったり、かわいげがないといったこともありますが、単なる相性の悪さから差別していることも。また、年齢が上の子どもに強制的に下の子の面倒を見させる保護者も注意が必要です。

保護者の様子から SOS を見抜く!

☐ 子どもに対して拒絶的な態度

身体的虐待　心理的虐待　ネグレクト　性的虐待

子どもが保護者に抱きつこうとした際に拒絶的な態度をとったり、甘えようとした際に「うっとおしい」とはねつけたりする保護者がいます。何らかの理由で親子の良好な関係形成が阻害されたりすると、子どものことに関心をもてなかったり、拒否的になったりすることがあります。

☐ 連絡がとりにくい

身体的虐待　心理的虐待　ネグレクト　性的虐待

虐待がある家庭では、親となかなか連絡がとれなかったり、家庭の様子が見えなかったりすることがあります。子どものことで連絡をしても、いつも不在で連絡がとれない、下のきょうだいの世話を上の子どもにさせている、連絡がとれても子どもに対する関心がない様子や態度が冷たい場合は配慮が必要です。たとえ虐待がなくても、生活のゆとりのなさを表わしています。

☐ 途中入所で情報が乏しい

身体的虐待　心理的虐待　ネグレクト　性的虐待

途中入所の場合も気を配る必要があります。虐待があったケースでは、引っ越した場合でも都道府県の児童相談所間で連携をとることになっていますが、充分でない場合があります。保護者や子どもの情報が乏しく、家庭の様子が見えてこない場合にはとくに注意が必要です。

保護者の言動に関すること

☐ 提出物をなかなか出さない

身体的虐待 心理的虐待 **ネグレクト** 性的虐待

保護者宛の連絡の回答・回収物などを園に提出しなかったり、寝具類やタオルなど園生活に必要なものを子どもに持たせなかったり、保育者が催促しても、下着などの着替えを園に持ってこない場合、どうしてなのか理由を考えてみることが必要です。

☐ 子どものケガの説明が不自然

身体的虐待 心理的虐待 ネグレクト 性的虐待

子どものあざややけどの理由を保護者に尋ねたときに、不自然な説明をしたり、話の内容がコロコロ変わるケースは要注意です。例えば、臆病な子どもがケガをしたときに「この子は乱暴だから、二段ベッドから飛び降りてケガをしたんです」という保護者の説明を受けたとします。そのときに、毎日子どもの様子を見ている保育者が聞いて違和感をおぼえる場合は注意が必要です。

☐ 子どもの前で自殺をほのめかす

身体的虐待 **心理的虐待** ネグレクト 性的虐待

「もう死にたい」といった自殺をほのめかすような言葉を子どもの前で発することは、たとえ本気でなかったとしても、心理的虐待に当たります。子どもは大きな精神的ショックを受け、不安にかられます。保護者が本当に生きる意欲を失っているような場合は支援が必要です。

保護者の様子から SOS を見抜く！

☐ 子育てのむずかしさを訴える

`身体的虐待` `心理的虐待` `ネグレクト` `性的虐待`

保護者から「子育てに自信がない」「私のいうことを聞いてくれない」といった相談が保育者に寄せられたときは、きちんと向き合って支援しましょう。例えば子どもに発達の偏りがあったり、保護者に経済的・精神的負担があったりすると、子どもを育てる際の負担は大きくなり、心ならずも虐待につながることがあります。

私のいうことを聞いてくれない…

他人との関わりに関すること

☐ 些細なことで保育者にクレームをつける

`身体的虐待` `心理的虐待` `ネグレクト` `性的虐待`

虐待する保護者は自己肯定感が低く、子育てにも自信がないことがよくあります。そこで保育者の何気ない言葉が自分への批判であるように感じられ、執拗に反発してくることがあります。とくに、年齢の若い保育者や、経験の浅い保育者に対して強く責める傾向が見られることがあります。不本意な謝罪に追い込まれるケースや、保育者が保護者対応のなかでトラウマを負ってしまうことも珍しくありません。ただし、虐待をしていない親のなかにも、何かとクレームをつけたり怒りをぶつけたりする人もいますので、ほかのサインとあわせて判断することが大切です。

☐ ほかの保護者とトラブルを起こす

`身体的虐待` `心理的虐待` `ネグレクト` `性的虐待`

虐待されている子どものなかには、ほかの子どもに暴言を吐いたり、暴力をふるうケースが見られ、ときにはケガをさせてしまうこともあります。保護者同士を関与させない園もありますが、そうでない場合、ケガをさせた子どもの保護者が相手の親に謝罪をしないなど、きちんと対応せず、相手の親が怒ってトラブルに発展することがあります。また逆に、子どもが園で起こしたトラブルを報告すると保護者が子どもをひどく叱ったり虐待に至ることを恐れ、子どもの様子を正直に伝えられないこともあります。

☐ 担任の保育者を避けるようになる

`身体的虐待` `心理的虐待` `ネグレクト` `性的虐待`

家庭のことを聞かれるのを恐れたり、いつも関わっている保育者との関係が悪くなると、登園時、降園時に保育者を避けるようになります。その場合は問題を抱え込まないで、複数の保育者がサポートに入りましょう。担任ではないほうが虐待に気づくことができたり、保護者の本音を引き出せたりすることがあります。

保護者の様子から SOS を見抜く！

保護者自身に関すること

☐ アルコールや薬物等の依存がある

身体的虐待　心理的虐待　ネグレクト　性的虐待

アルコールや薬物に依存した生活を送っている保護者は、感情のコントロールができず、子どもに愛情をもっていたとしても、養育することがむずかしくなっていることがあります。規則正しい生活を送ることができないので、遅刻が増え、食事の支度や掃除、洗濯などの家事もむずかしくなります。医療機関につなぐなど、保護者の支援が必要です。

☐ うつ病など精神疾患を患っている

身体的虐待　心理的虐待　ネグレクト　性的虐待

うつ病などの精神疾患があっても、適切な医療ケアを受けたり養育のサポートを受けることで、きちんと子育てをしている保護者もいます。その一方で、医療ケアを受けていない保護者はネグレクトなどのリスクが高くなります。医療機関とつながっているか、支援している人がいるかなどの確認が必要です。

☐ 仕事が定まらず、収入が不安定

身体的虐待 **心理的虐待** **ネグレクト** **性的虐待**

失業や転職をくり返すなかで定職に就くことができず、就労が不安定であると、家庭のなかのストレスが高まり、虐待のリスクも高くなります。また未婚や単身の家庭は、経済的に苦しくなりがちです。ダブルワークを強いられる親も多く、長時間働かなければならないため、子どもの世話をしたり関わる時間がもてず、子育てが苦しくなりがちです。

☐ 転居をくり返す

身体的虐待 **心理的虐待** **ネグレクト** **性的虐待**

親が定職に就いて、子どもが園に通い始めると簡単には転居できなくなるものです。それでも転居をくり返すケースは、就労が不安定だったり、人とのつながりが希薄だったりすることが考えられます。さらに、その家族を支える祖父母やきょうだいとの関係が悪かったりすると、孤立状態に陥る危険があります。

保護者の様子から **SOS** を見抜く！

☐ 家に不特定多数の大人の出入りがある

身体的虐待　**心理的虐待**　**ネグレクト**　**性的虐待**

虐待が起きた家庭を調査した結果から、内縁者や関係のよくわからない同居人がいる家庭や、不特定多数の大人の出入りがある家庭で虐待が起きやすいことがわかっています。

不特定多数の大人が出入りしている家庭は、養育に関する責任を誰が負っているのか明確でないためネグレクトが起きやすくなります。さらに家族以外の大人が性的虐待の加害者になるケースもしばしば見られ、注意が必要です。

☐ DV（ドメスティック・バイオレンス）がある

身体的虐待　**心理的虐待**　**ネグレクト**　**性的虐待**

DVがある家庭では、同時に子どもへの暴力があることも多いので注意が必要です。母親が、父親からの暴力を恐れて子どもへの虐待をやめさせられない場合、子どもは父親から身体的虐待を、母親からはネグレクトを受けていることになります。また、子どもが身体的虐待を受けていない場合でも、家庭のなかにDVがある場合は心理的虐待に当たります。

入園時における気づきの目

入園前の面談や健康診断で
虐待のリスクを把握できることもあります。

虐待は早期発見が求められますが、入園前の面談の際に虐待のリスクに気づけることがあります。実際に保護者や子どもと顔を合わせることで、その家庭が抱えている課題が見えてきた場合は、入園時から職員間で情報を共有して、記録を取り始めます。

まず入園前の面談では、事前情報により、配慮が必要だと思われる保護者には、できるだけ複数の職員が同席してください。看護師など他職種が参加したほうがよいケースもあり

ます。

例えば、保護者がこれまでの養育状況を話すことができなかったり、職員と目を合わせようとしなかったりする場合は注意が必要です。保護者の心身の健康状態もチェックしましょう。

子どもの体格や衛生状態を見ると同時に、保護者との関わりに不自然な態度が見られないかを観察してください。

DVと虐待の関係

DVのある家庭では子どもも暴力を受けたり、
心理的葛藤を抱えて苦しむことになります。

父親が母親に対して暴力をふるうなど、家庭内暴力＝DV（ドメスティック・バイオレンス）のある家庭は、子どもへの虐待の発生率も高いことがわかっています。

子どもが、DVを受けている母親の味方をすると、父親の暴力の矛先が子どもに向かってしまったり、あるいは母親への暴力が一層エスカレートすることがあります。かといって子どもが父親の機嫌をとるために父親の味方をすることも、母親への裏切りと感じられ、強い罪悪感につながります。つまり、子どもはどのような態度をとっても、様々な葛藤を抱えて苦しむことになるのです。

DVのある家庭で父親が子どもを虐待した場合、母親は父親からの暴力を恐れたり、止めに入ることで一層暴力が激しくなることを恐れたりして、子どもへの虐待を止められない場合が多いものです。その場合、子どもは父親から身体的虐待を、母親からネグレクトを受けていることになります。また、子どもの前で暴力がくり返されることは子どもの心に大きなトラウマを与え、たとえ目撃することがなくとも家庭内にDVがあることは心理的虐待に当たります。

初期対応
〜まず何をすべきか〜

虐待が疑われる子どもに
気づいた場合の
対応方法について見ていきましょう。

「虐待かも……」と疑いをもったら

「虐待かもしれない」と疑いをもったら、
全職員が通告義務があることを意識して速やかに行動を起こしましょう。
対応するための重要な三つのポイントも紹介します。

◆ 園内における虐待対応の流れ

虐待かも!?

1 担任、管理職、そのほか子どもと家庭に関わりのある職員同士で情報交換

2 園長に相談・報告

3 チームを組んで情報収集をする

> 保護者に聞き取り

> 子どもに聞き取り

4 園内で情報交換、全職員参加で検討会議を開催

5 関係機関への通告・相談

確信がもてなくても動く

園で虐待の証明をすることは困難です。「もし間違っていたら」と考えて二の足を踏むのは自然な感情ですが、虐待かどうかを判断するのは市町村や児童相談所の役割です。確信がもてないケースであっても、速やかに対応して関係機関につなげましょう。

Point 2

一人で抱え込まない

児童虐待は問題が複雑で、一人の力では解決できません。一人で抱え込むことによって介入のタイミングが遅れ、問題が複雑化したり、子どもに重大な危険が及ぶことがあります。担任一人に情報収集や判断をまかせず、必ずチームで対応します。

虐待のレッテルを貼ることを恐れない

「まさか虐待なんて起こるはずがない」「疑うことは保護者に失礼だ」と、虐待のレッテルを貼ることを恐れる心理が働いて、他機関への通告・相談をためらう人がいます。しかし、はじめに述べたように130人に1人の子どもが虐待を受けている時代です。自分と関わりのある子が児童虐待の被害者になることは珍しいことではないのです。

園内における虐待対応の流れ

虐待の可能性に気づき、園内で検討会議をおこなって通告を判断するまでの大まかな流れを見ていきましょう。

1 子どもと家庭に関わりのある職員、管理職で情報交換

対応の始まりは、子どもと関わりのある保育者が「虐待かもしれない」と疑いをもつことです。疑いをもったら、ほかの職員、管理職に告げて「何か、気づいたことはありませんか?」と聞くなどし、情報交換をします。
一番してはならないことは、疑いのまま放置しておくこと。たとえ、虐待ではなかったとしても、気になる子どもの様子を調べてみることが大切です。

園長に相談・報告

職員同士が交換した情報をもとに、園長に報告します。園長は危機管理者としての役割を担っていて、虐待対応についてはとくに園長のリーダーシップがカギになります。園によっては、虐待に気づいた職員が直接、園長に相談・報告することもあります。

情報を集めましょう

登園時に親子の様子を観察したり、子どもに生活の様子や保護者との関わりについて尋ねたり、保護者と連絡をとったときに、さりげなく様子を確認します。話を聞くときは親子別々に聞きましょう。
きょうだいがいる場合は、きょうだいの様子も確認してください。くれぐれも担任が一人で抱え込んではいけません。

園内における虐待対応の流れ

子どもに接するときの姿勢

① 子どもから
信頼されている大人が聞く

② どんなにひどいと感じても
親を非難しない

③ 子どものせいにするような
発言は絶対にしない

保護者に接するときの姿勢

① 虐待をする親は子どもを愛して
いないという思い込みは捨てる

② 一方的に指導したり、説教を
するようなことはしない

③ 保護者なりの大変さや子どもへ
の思いに共感していく

園内で情報交換、全職員参加で検討会議を開催

園長は子どもと関わりの深い職員を中心に、さらに情報を
収集・検討し、対応の仕方、情報の集め方のしくみをつ
くって、組織的に進めていきます。虐待の疑いのある子ど
ものクラスに応援の職員を配置するなど、担任の保育者
をフォローします。

5 関係機関への通告・相談

集められた情報をもとに通告の判断をおこないますが、最終的な判断は園長が下します。緊急性が高い場合はもちろんですが、虐待と判断できなくとも疑いが払拭できなければ通告します。通告は子どもを守るだけでなく保護者の支援につながります。保護者との関係悪化を恐れたり、問題が大きくなることを懸念して通告をしたがらない園がありますが、それは子どもたちを苦しめ、見捨てることにつながります。

関係機関に通告・相談するときに

「児童相談所に連絡をしても動いてくれない」「放っておかれる」などといった声を聞くことがあります。なぜそのようなことが起きるのか、その背景には、担当児童福祉司が多忙を極めている状況があります。

一方的に何かをしてもらうという姿勢では連携はうまくいきません。相手の状況を踏まえて、普段から顔の見える関係を築いておくこと、また、こちらからもよい関係をつくっていくための工夫をすることが必要です。

そして、しっかり対応してもらいたい場合は、「相談です」ではなく、「通告です」と切り出しましょう。

通告です

キッパリ

子どもからの
聞き取りのときに配慮すること

子どもが不信感をもってしまうと口を閉ざしてしまうことがあります。
聞き取りの際に注意するポイントを押さえておきましょう。

子どもが落ちついて話せる 場所を用意する

子どもが安心して安全に話すことができる場所を用意しましょう。周囲に子どもがいる環境では落ちついて話すことができません。子どもの年齢によってはおもちゃを置いたりして、自然に話せるような雰囲気をつくることが必要です。

子どもとの信頼関係が築けている保育者が聞き手になる

子どもとの信頼関係が築けている保育者が話を聞きます。そのうえで子どもの気持ちに共感しながら、「何があってもあなたの味方」であることを伝えます。親の言動がどんなに理不尽であっても、子どもの前で親を非難しないように配慮しましょう。

Point 3 誘導的な質問の仕方をしない

「このあざはお母さんにたたかれたの?」といった聞き方は誘導質問になり、事実と違う答えを引き出してしまう恐れがあります。子どもがイエス、ノーで答える聞き方ではなく「このあざはどうしたの?」というオープンクエスチョンで聞き取りをしましょう。もし、子どもが口ごもったり、黙っていたりしたら、虐待の可能性を考えてください。

Point 4 「誰にもいわないで」と頼まれたときは?

子どもから「誰にもいわないで」と頼まれることがありますが、安易に約束してしまうと、園内で情報を共有したり、関係機関に相談することができなくなります。「あなたを守るためには、ほかの人に話すこともある」ということを伝えなくてはいけません。「信頼できる大人があなたのことを真剣に考えて、どうしたらいいか一緒に考えていく」と根気強く話してください。

point 5 常に冷静な態度で 言葉通りに受け止める

受けている虐待が想像を超えてひどいものだったりすると、聞き手が動揺して「本当に?」と疑ったり「何か悪いことをした?」と子どものせいにするような言葉をかけてしまうことがあります。すると子どもが口を閉ざしてしまうことがあるので、冷静に、言葉通りに受け止める姿勢が大切です。

point 6 性的虐待の詳しい聞き取り は専門的な機関に

性的虐待についての聞き取りは大変むずかしく、子どもにとって新たな傷つきの体験になる危険が伴います。専門的な技術が必要とされるので、園では詳しい話を聞き取らずに、児童相談所などの専門機関にゆだねましょう。

Point 7 話を聞いたあと 子どもの不安に寄り添う

悪くないよ

子どもは虐待について打ち明けたあとは必ず不安に襲われたり、後悔の念にかられます。話を聞いたあとは「あなたは悪くない」ということや「打ち明けたことは、お父さんやお母さん、あなたのためになる」ということを伝えて、安心させてあげましょう。

自分から虐待のことをいい出さない理由

たとえ子どもと保育者との間に信頼関係が築かれていたとしても、子どもが自分から虐待のことをいい出すことはほとんどありません。それには、次のような理由があります。

① 親は唯一の頼れる相手だから悪くいえない。

暴力を受けていたとしても、子どもにとって親は唯一の頼れる相手であり、愛情関係も築かれているため、悪くいうことをためらってしまいます。

② 自分が悪いから虐待されるのだと思いこむ。

虐待の場面では「お前が悪いから」といわれていることが多く、子どもの発達特性からも自分が悪いせいだと思いがちです。

③ 親から叱られたりたたかれたりすることを「恥」と感じている。

親にすら大切にされない自分を恥ずかしく思い、虐待について他人に話すことをためらいます。とくに相手のことが好きで、認めてもらいたいと思う気持ちが強いほど話しづらくなります。

モジモジ

3章 初期対応〜まず何をすべきか〜

保護者からの
聞き取りのときに配慮すること

虐待の疑いがある保護者からの聞き取りは、次のような点に配慮しておこないます。保育者と保護者の関係が悪化しないように心がけることが必要です。

Point 1 保護者の行為や姿勢を批判しない

保護者の行為や姿勢に批判的な気持ちを抱いて、上から目線の物言いをすると、保護者は防衛的になったり、敵意を抱いたりします。まずは思い込みを捨てて、保護者の話や訴えを素直に聞くことに専念しましょう。

Point 2 子どもから聞いた内容をそのまま保護者に確認しない

ご存じですか？

子どもが「ママ（パパ）につねられた」と話した内容を、そのまま保護者に「本当にお母さん（お父さん）がやったのですか？」と尋ねてはいけません。不用意な質問によって、保護者が怒ってさらなる虐待につながったり、保育者との関係が切れてしまうことがあります。「あざがあるようですが、どうしたのかご存じですか？」と中立的な立場で聞きましょう。

point 3 子どものいない場面で質問する

登園してきた子どもにケガがあった場合は、その事情を確認したうえで預かる園が多いことでしょう。しかし虐待が疑われる場合は、子どもがいない場面で確認してください。親が虐待を隠して「公園で転んだ」などと虚偽の説明をした場合、子どもが「正直に話してはいけないことなのか」と、判断してしまう可能性があるためです。

point 4 体罰を肯定する保護者への対応は？

体罰を悪いと思っていない保護者は「口でいってもわかってくれないからたたいた」と、隠さず正直に話してくれます。その場合はいきなり責めるような言葉をかけずに、まず思い通りにならない子育てのむずかしさについて、共感しましょう。
そのうえで「ケガをしたお子さんもつらいので、どうしたらいいか、一緒に考えていきましょう」と伝えます。

point 5 しっかり支援していくことを伝える

保護者から虐待について告白があった場合は「よく話してくれましたね」と、感謝していたわります。そして「これから私たちがしっかり支援していきます」と伝えてください。

記録の取り方

虐待の疑いがある子どもについては、日誌とは別に記録を取りましょう。
様々な場面で役立ちます。

point 1 記録の重要性

虐待の疑いのある子どもを発見したときは、虐待の
疑いをもったときから記録を残すことが大切です。
ケガやあざは時間が経つと変化してしまい、根拠が消えてしまう
ことがあります。また、子どもや保護者の状況も記録に残しておか
なければ、時期や状況が曖昧になってしまいます。
さらに、虐待対応は多くの機関が関わり、支援期間も長期に及ぶ
ことも多いため、人事異動などで担当者が変わる可能性がありま
す。必要な情報が確実に伝わっていくように、記録を残しておくこ
とが求められます。

point 2 記録の種類

記録には、「言葉による記録」「描写による記録」「写
真」があります。注意することは、「事実」を書きと
めることと同時に、職員個人が感じ取った「事実から推測した内
容」が書かれていることと、それら二つがきちんと書き分けられて
いることです。また、「直接確認した情報」と「伝聞情報」について
も、きちんと書き分けられていることが必要です。子どもが話した
ことは、子どもの話した言葉通りに記録します。

何を記録するのか

「 子どもの名前 」

「 保護者の名前 」

- ☑ 就労状況や経済状況

「 子どもの身体状況 」

- ☑ ケガ、あざ、やけどの場所、大きさ（写真またはスケッチ）
- ☑ 身体や服装の衛生状態
- ☑ 身長、体重の変化、栄養状態、体調

「 子どもの言動 」

- ☑ ほかの園児や保育者との関わり（遊びの様子、言葉づかい）
- ☑ 食事の様子
- ☑ 表情
- ☑ 午睡の時間の様子
- ☑ 保護者を見る表情、会話

「 保護者の状況 」

- ☑ 送迎時の子どもとの接し方
- ☑ 保育者との接し方、会話の内容
- ☑ 園に対する要求や苦情
- ☑ 家庭訪問時の状況（家の中が乱雑、きょうだいへの接し方など）
- ☑ 発言内容

記録をするときの注意

- 🏛 虐待が起きている家庭は、家族構成などが複雑なことも多く、ジェノグラム（右図）を書くと家族関係がわかりやすくなり、問題を整理しやすくなります。

- ✏️ ケガ、あざは、場所や皮膚の状態、大きさがわかるように写真または絵で記録します。

- 🏛 ケガ、あざ等に気づいた日時も記録します。登園してすぐに気づいたのか、降園間際に気づいたのかでは、ケガやあざの発生場所が家庭内か園内か議論の余地が生じます。

- 🏛 ケガやあざに気づいたら、子どもに「これはどうしたの」と親のいないところで尋ねます。子どもの答えた内容（「」で言葉をそのまま）と子どもの応答の様子を記録します。

ジェノグラム

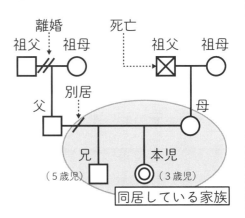

園内の協力体制

虐待は組織対応をおこなうことが重要です。担任の保育者に負担が集中することがないように役割分担を決め、園全体で子どもと保護者を支えます。

point 1 担任を支える姿勢が重要

虐待には園全体で対応します。園の全職員が情報を共有し、親子の状況や支援方針を理解していなければなりません。とくに担任への協力体制が整っていると、孤立感を感じることなく、迅速な対応につながります。

point 2 担任の力量不足が指摘される事態を避けるために

虐待の疑いがある子どもとの関係はむずかしく、担任の保育者が「試し行動」の対象になって振りまわされたり、子どもが問題を起こして対応に追われることもあります。ほかの子どもの対応が後手にまわり、保育者の力量が不足していると批判される事態に陥らないように、しっかりした園内の協力体制が必要になります。

point 3　役割分担を明確にしておく

園内連携を進めていくうえで大切なことは、支援体制の中心メンバーを決めておくことと、誰が何をするかという役割分担を定めておくことです。子どもの保育の傍ら、虐待の疑いがある保護者の支援を担当することはむずかしいため、子どもの生活面をていねいに見る職員とは別に、保護者対応の職員を決めておくとよいでしょう。

園長や副園長、主任が担うことが多いですが、情報の集約や会議の運営、外部との連絡の窓口になる職員も明確にしておきます。外部との窓口は、いざというときに不在だと介入のタイミングを逃すことになりかねないので複数名で担うようにしましょう。

3章
〜初期対応
まず何をすべきか〜

point 4　虐待対応の基本的な知識を広めていく

虐待事例が増加しているなか、保育者全員が基本的な虐待対応の知識を身につけておく必要がありますが、現状はまだまだ一部の保育者に限られています。園内研修や勉強会を通して職場に広めていきましょう。

虐待が子どもの脳に与える影響

将来に渡って深刻な被害を受け続けます。

最近では児童虐待によるトラウマが、脳に与える影響についての研究が進んできました。子ども時代にくり返し受ける心理的虐待によって、感情をつかさどる「扁桃体」が過剰に興奮しやすくなり、些細なことでスイッチが入ってストレスホルモンが放出されるようになります。そのためにすぐに怒り出したり、キレやすくなるなど感情のコントロールがききにくい構造になってしまいます。脳の器質自体が変化するので「ハードウエア」が障害を起こすといわれています。

脳へのダメージには、被害が深刻になりやすい時期があります。脳の中にある「海馬」という情動と結びついた記憶をためておく場所は3歳から4歳ころの影響がもっとも大きく、情報を統合する「脳梁」は、9歳から10歳ころの影響がもっとも大きいといわれています。つまり大人になってからトラウマを受けた人と、子どものときに受けた場合とでは、ダメージの深刻さが変わってくるのです。

トラウマによる脳のダメージによって知能が低くなることはありませんが、落ちついて勉強に集中することがむずかしくなり、結果として成績が悪くなる傾向が見られます。また、感情のコントロールがきかなくなることで、将来に渡って人間関係を築くことがむずかしくなる可能性が高くなるとされています。

4 章

虐待の疑いのある
子ども・保護者
との関わり方

虐待を受けた子どもを
どのように受け入れるのか、
保護者への支援とあわせて考えます。

虐待の疑いのある子どもへの関わり方

家庭の外に自分の気持ちを理解してくれて、頼れる大人がいることは、
子どもにとって大きな支えになります。
家庭では体験できないことを、園でたくさん体験できるようにしていきましょう。

子どもの表面的な言動だけを見て叱らない

虐待を受けている子どもは、園内で問題行動を起こすことがありますが、それは虐待による心理的被害を受けているためであり、虐待環境に適応するため必死になっている姿だといえます。そのため表面的な言動だけを見て子どもを叱っても、なかなか伝わりません。かえって子どもの心理的被害を拡大し、保育者との関係を悪化させてしまったり、問題行動がさらにエスカレートすることもあります。

家庭で体験できないことを園で体験できるようにする

虐待されている子どもは、怖いことや悲しいことがあって泣いても、そのまま放置されたり、「うるさい」と暴力をふるわれたりすることがあります。保護者から自分の気持ちをくみ取ってもらったり、守ってもらったり、安心させてもらったりした経験を積み重ねていないのです。園では家庭で経験できないことを、たくさん経験できるように心がけます。子どもの気持ちに共感したり、頻繁にスキンシップをしたり、やさしい声かけを心がけましょう。

子どもの気持ちを
くみ取って代弁する

子どもがほかの子に乱暴をしてしまったとき「○○くんもおもちゃを使いたかったんだよね。でも、たたいたりしないで"貸して"っていってみよう」「仲間に入れてもらえなくて悔しかったのよね」と子どもの気持ちをくみ取って代弁しましょう。保育者のことを自分の立場に立って理解してくれる人ととらえて、信頼を寄せてくれます。

情緒的欲求に
こたえる

子どもが転んで泣いたときや、かんしゃくを起こしたときはぎゅっと抱きしめてスキンシップをとりながら落ちつけるようにしてください。また一緒に楽しいことをして笑える機会もたくさんつくりましょう。虐待を受けている子にとっては貴重な体験となります。たとえ親から虐待を受けていても、家庭の外に気持ちを理解してくれて、頼れる大人がいる場合は、心理的被害が減少することがあります。

家庭訪問をして
安全を確認する

子どもが欠席した場合は、市区町村の保健師などとともに家庭訪問をおこなう場合もあるでしょう。基本的には複数名で訪問しますが、保護者が暴力をふるう可能性があれば、男性職員も同行したほうがよいでしょう。保護者の拒否反応が強い場合や、飲酒などのために落ちついて話ができそうにない場合は次回の訪問を約束して、それ以上は無理をしないでください。保護者との関係をつないでおくことが大切だからです。ただし、子どもに会わせてくれない場合は、関係機関に連絡します。

生活状況も
チェックする

家庭訪問の際は子どもの安全を確認するだけではなく、生活環境も観察します。部屋の整頓状況や生活状況、きょうだいの様子など、様々な視点で状況を把握し、養育環境が悪化しているようなら、関係機関に連絡するなど、対策を講じてください。

「救済者願望」に
飲み込まれない！

「この人を助けたい」と強く望み、相手が望むことを自分がしてあげたいと強く願って、唯一の理解者になろうとすることを「救済者願望」といいます。

子どもが虐待を受けていることがわかると、保育者は子どもの過酷な体験やつらい心情を理解していくなかで同情する気持ちが起こります。しかし「助けたい」という気持ちが強すぎるあまり、「私が唯一の理解者だ」と思い込んで、現実味を欠いた対応をしてしまう恐れがあります。こういった事態を防ぐためにも、子どもの対応はチームでおこなうようにしましょう。

支援する職員が
心に傷を負うことも……

中心となって子どもの支援に関わる保育者が、保護者からひどい虐待を受けた子どもの気持ちに寄り添うなかで、子どもと同じように心理的に傷ついてしまうことがあります。適切な支援ができなくなるばかりか、保育者自身の心の健康面にダメージを与えてしまいます。支援する人がほかの職員に支えられ、周囲との関係で癒される職場環境が求められます。

虐待の疑いのある保護者への関わり方

保護者が虐待に至るまでには様々な背景や事情があります。

「加害者」ではなく「支援が必要な人」ととらえましょう。

話を聞くときには肯定的に受け止め、保育者の意見を押しつけないように配慮しましょう。

支援が必要な人と
とらえて対応する

虐待している保護者を「加害者」ととらえて、非難や批判をしても事態が好転することはありません。保護者を「支援を必要としている人」ととらえ、どのような支援が必要かを考えていきます。園の役割は、子どもの保育を担うことだけではなく、家庭を支援することでもあります。親子を守ることを考えて対応していきましょう。

保護者自身の様々な事情、
背景を考慮する

多くの保護者は虐待を「しつけ」の一環と考えています。また保護者それぞれに虐待に至る様々な事情、背景があり、保護者自身も傷ついていることが多いことを考慮して対応しましょう。

「虐待の世代間連鎖」という言葉があります（P.24参照）。被虐待経験がある親は、そうでない親に比べて虐待をするリスクが高く、体罰を肯定する傾向が見られることを知っておきましょう。

信頼関係を築くための関わり

保護者の話を肯定的に受け止めることが、信頼関係を築くための、初めの一歩になります。「朝、娘がなかなか起きてくれないから、つねってしまった」という話を聞いたとしても、すぐ批判するのではなく「よく、話してくれましたね」「お母さんも大変ですね」と受け止めます。そのうえで「いつも起きてくれないのですか?」「昨日は何時に寝たのですか?」と具体的なことを尋ねて、様子を確認していきます。

保育者の考えを押しつけない

保護者に話を聞いていくなかで「何度も起きなさいといったのに、聞いてくれなかった」など暴力に至るまでのプロセスを明らかにしていきますが、否定的な言葉をはさむことなく、ていねいに受け止めていきます。相手を尊重する姿勢を保っていると、次第に信頼を寄せてくれるようになったり、保育者に意見を求めるようになるケースも少なくありません。その際も「私はこう思います」というように、保育者の考えを押しつけないようにしましょう。

関係が悪化しても、
話を聞く姿勢をもち続ける

虐待対応をしているなかで、保護者から園が恨まれることがあります。例えば虐待通告をおこなったあと、「園が通告したのか！」と保護者が怒り出すケースも考えられます。たとえ保護者との関係が悪化しても、保護者を支援し、話を聞くという姿勢はもち続けてください。園の対応が一貫していれば、一度壊れた関係が修復することもあります。

こうすれば…

子育ての悩みに
向き合って支援する

虐待に至らないケースでも「子どものしつけ方がわからない」「注意してもいうことを聞いてくれない」といった子育ての悩みを抱えている保護者は数多くいます。保育者は一人ひとりの悩みを受け止め、答えに迷ったときは「いったん、預らせてください」と伝え、園長や主任に相談するなどして、できるだけ具体的なアドバイスをおこなう姿勢をもち続けてください。虐待を防止することにつながります。

関係機関
との連携

虐待対応は
他機関との連携が欠かせません。
そのポイントについて見ていきましょう。

関係機関への通告・相談

児童相談所や市区町村への虐待通告は、支援の入口です。
通告すると要保護児童対策地域協議会が設置され、
地域の様々な機関と連携しながら子どもを支援していくことになります。

緊急性の高いケースは児童相談所に通告

園からの虐待通告先としては市区町村の対応部署や児童相談所などがあり、通告窓口や通告の流れは自治体によって異なります。どこに連絡すればよいか、前もって確認しておきましょう。

地域で見守りができるような比較的軽いケースや心理的虐待は市区町村に、一時保護が必要とされるような緊急性が高いケースや性的虐待は児童相談所に連絡するのが一般的です。

通告はゴールではなく支援の入口

通告しても、そのうちの8〜9割は地域で見守ることになります。児童相談所に通告をおこなったケースでも、緊急性が高くないと判断されれば市区町村に見守りや支援の要請がおこなわれます。通告はゴールではなく支援の入口に過ぎず、園の役割や責任が軽くなるわけではありません。関係機関と情報を共有し、対応策を練り、役割を分担して支援をおこなっていくことになります。

要保護児童対策地域協議会は子どもを地域ぐるみで守るネットワーク

虐待通告がされると、要保護児童対策地域協議会（要対協）が設置されます。これは虐待を受けている子どもなど要保護児童の早期発見や適切な保護を図るため、児童福祉法に基づいて各市区町村が設置する協議会です。いわば子どもを地域ぐるみで守るネットワークといえます。要対協の事務局が、関係機関の連携や役割分担の調整をおこなっていきます。

地域の多彩な機関、団体が連携

要対協は子どもが通っている学校や園のほか、児童相談所、教育委員会、福祉事務所、市区町村の関係部署、保健所、民生・児童委員、病院、警察、社会福祉協議会など子どもと家庭に関わりのある多彩なメンバーで構成されます。これらの機関が情報を共有し、役割分担をしながら連携して支援します。要対協は通常、代表者会議（年に1～2回）と実務者会議（3か月に1回）、個別ケース検討会議（必要に応じて随時）の3層で構成されています。

通告・相談したあとに
気をつけること

複数の機関による連携が始まると、園は「子どもを見守る」という
重要な役割を担います。他機関との連携のポイントを紹介します。

安全を見守る重要な役割を担う

園では保育者が毎日子どもと接するので、新たな外傷や体重の減少などの変化に気づきやすい場所です。そこで複数の機関による連携がスタートすると、子どもの安全を見守るという重要な役割を担うことになります。

何をどのように見守るのか、具体的に決める

児童相談所などから「子どもの様子に変化があったら連絡をください」と依頼されたとき、具体的に子どもの何を見守り、どのような変化に気づいたら連絡するのか、話し合っておくことが重要です。一つでも新しい外傷が見つかったとき、あるいは二日続けて欠席したときなど、変化の内容を明確にしておきましょう。また、変化に気づいたとき、どの機関に連絡をするのかといった対応方法についても確認しておいてください。

他機関の専門性を理解する

自分たちの専門性を意識しつつ、連携する他機関の専門性も理解しようとする姿勢が求められます。様々な分野の機関と連携するなかで、「この家庭にとって何が援助になるのか」「子どもの最善の利益とは何か」「ゴールはどこか」といったことについての見解が分かれる可能性があります。

他機関の対応に疑問や不満を感じたときに、相手の立場に立って「なぜ、そう考えるのか。なぜそうするのか」を考えてみてください。

ふだんから顔の見える関係を築いておく

他機関が不足しているところを補う視点や、他機関にとって自分たちがどう役立てるかという視点をもって、よい関係をつくっていきましょう。

それぞれの機関がふだんから顔の見える関係を築いておくことが求められます。問題が起きてから初めて連携するのではなく、日ごろから情報交換できる場をつくっておくと、スムーズに連携することができます。

5章
関係機関との連携

虐待予防チェックシート

		✓欄	様子や状況例
子どもの様子	健康状態		不定愁訴、反復する腹痛、便通などの体調不良を訴える。
			夜驚、悪夢、不眠がある。
	精神的に不安定		警戒心が強く、音や振動に過剰に反応し、手を挙げただけで顔や頭をかばう。
			過度に緊張し、担任教諭、保育士等と視線が合わせられない。
			大人の顔色をうかがったり、接触をさけようとしたりする。
	無関心、無反応		表情が乏しく、受け答えが少ない。
			ボーッとしている、急に気力がなくなる。
	攻撃性が強い		落ちつきがなく、過度に乱暴だったり、弱い者に対して暴力をふるったりする。
			他者とうまく関われず、些細なことでもすぐにカッとなるなど乱暴な言動が見られる。
			激しいかんしゃくを起こしたり、かみついたりするなど攻撃的である。
	孤立		友達と一緒に遊べなかったり、孤立しがちである。
	気になる行動		担任教諭、保育士等を独占したがる、用事がなくてもそばに近づいてこようとするなど、過度のスキンシップを求める。
			不自然に子どもが保護者と密着している。
			必要以上にていねいな言葉づかいやあいさつをする。
			くり返し嘘をつく、空想的な言動が増える。
			自暴自棄な言動がある。
	保護者への態度		保護者の顔色をうかがう、意図を察知した行動をする。
			保護者といるとおどおどし、落ちつきがない。
			保護者がいると必要以上に気をつかい緊張しているが、保護者が離れると安心して表情が明るくなる。
	身なりや衛生状態		身体や衣服の不潔感、髪を洗っていないなどの汚れ、におい、垢の付着、つめが伸びている等がある。
			季節にそぐわない服装をしている。
			衣服が破れたり、汚れている。
			虫歯の治療がおこなわれていない。
	食事の状況		食べ物への執着が強く、過度に食べる。
			極端な食欲不振が見られる。
			友達に食べ物をねだることがよくある。
	登園状況等		理由がはっきりしない欠席・遅刻・早退が多い。
			連絡がない欠席をくり返す。

厚生労働省「虐待の発生予防のために、保護者への養育支援の必要性が考えられる児童等（「要支援児童等」）の様子や状況例【乳幼児期】」一部改変

○このシートは、要支援児童等かどうか判定するものではなく、あくまでも目安の一つとしてご利用ください。

○様子や状況が複数該当し、その状況が継続する場合には「要支援児童等」に該当する可能性があります。

○支援の必要性や心配なことがある場合には、子どもの居住地である市区町村に連絡をしてください。

※不適切な養育状況以外の理由によっても起こる可能性の高い事項のため、注意深く様子を見守り、把握された状況をご相談ください。

保護者の様子	子どもへの関わり・対応	理想の押しつけや年齢不相応な要求がある。
		発達にそぐわない厳しいしつけや行動制限をしている。
		「かわいくない」「にくい」など差別的な発言がある。
		子どもの発達等に無関心であったり、育児について拒否的な発言がある。
		子どもに対して、くり返しばかにしてからかう、ことあるごとに激しく叱ったり、ののしったりする。
	きょうだいとの差別	きょうだいに対しての差別的な言動や、特定の子どもに対して拒否的な態度をとる。
		きょうだいで服装や持ち物などに差が見られる。
	心身の状態（健康状態）	精神科への受診歴、相談歴がある。（精神障害者保健福祉手帳の有無は問わない）
		アルコール依存（過去も含む）や薬物の使用歴がある。
		子育てに関する強い不安がある。
		保護者自身の必要な治療行為を拒否する。
	気になる行動	些細なことでも激しく怒るなど、感情や行動のコントロールができない。
		被害者意識が強く、事実と異なった思い込みがある。
		他児の保護者との対立が頻繁にある。
	幼稚園、保育所等との関わり	長期にわたる欠席が続き、訪問しても子どもに会わせようとしない。
		欠席の理由や子どもに関する状況の説明に不自然なところがある。
		行事への不参加、連絡をとることが困難である。
家族・家庭の状況	家族間の暴力、不和	夫婦間の口論、言い争いがある。
		絶え間なくけんかがあったり、家族（同居者間の暴力）不和がある。
	住居の状態	家中ゴミだらけ、異臭、シラミがわく、放置された多数の動物が飼育されている。
		理由のわからない頻繁な転居がある。
	サポート等の状況	近隣との付き合いを拒否する。
		必要な支援機関や地域社会からの関わりや支援を拒む。
※参考事項	経済的な困窮	保護者の離職の長期化、頻繁な借金の取り立て等、経済的な困窮を抱えている。
	生育上の問題	未熟児、障害、慢性疾患、発育や発達の遅れ(やせ、低身長、歩行や言葉の遅れ等)が見られる。
	複雑な家族構成	親族以外の同居人の存在、不安定な婚姻状況（結婚、離婚をくり返す等）
	きょうだいが多い	養育の見通しもないままの無計画な出産による多子
	保護者の生育歴	被虐待歴、愛されなかった思い等、何らかの心的外傷を抱えている。
	養育技術の不足	知識不足、家事・育児能力の不足
	養育支援者不在	親族や友人などの養育支援者が近くにいない。
	妊娠、出産	予期しない妊娠・出産、祝福されない妊娠・出産
	若年の妊娠、出産	10代の妊娠、親としての心構えが整う前の出産

児童相談所一覧 （平成31年4月1日現在）

都道府県 政令指定都市 児童相談所設置市	児童相談所		郵便番号	住所	電話番号
1　北海道	中央児童相談所		064-8564	札幌市中央区円山西町2-1-1	011-631-0301
	旭川児童相談所		070-0040	旭川市10条通11	0166-23-8195
		稚内分室	097-0002	稚内市潮見1-11	0162-32-6171
	帯広児童相談所		080-0801	帯広市東1条南1-1-2	0155-22-5100
	釧路児童相談所		085-0805	釧路市桜ヶ岡1-4-32	0154-92-3717
	函館児童相談所		040-8552	函館市中島町37-8	0138-54-4152
	北見児童相談所		090-0061	北見市東陵町36-3	0157-24-3498
	岩見沢児童相談所		068-0828	岩見沢市鳩が丘1-9-16	0126-22-1119
	室蘭児童相談所		050-0082	室蘭市寿町1-6-12	0143-44-4152
2　青森	中央児童相談所		038-0003	青森市石江字江渡5-1	017-781-9744
	弘前児童相談所		036-8356	弘前市下銀町14-2	0172-36-7474
	八戸児童相談所		039-1101	八戸市大字尻内町字鴨田7	0178-27-2271
	五所川原児童相談所		037-0046	五所川原市栄町10	0173-38-1555
	七戸児童相談所		039-2574	上北郡七戸町字蛇坂55-1	0176-60-8086
	むつ児童相談所		035-0073	むつ市中央1-1-8	0175-23-5975
3　岩手	福祉総合相談センター		020-0015	盛岡市本町通3-19-1	019-629-9600
	宮古児童相談所		027-0075	宮古市和見町9-29	0193-62-4059
	一関児童相談所		021-0027	一関市竹山町5-28	0191-21-0560
4　宮城	中央児童相談所		981-1217	名取市美田園2-1-4	022-784-3583
	東部児童相談所		986-0850	石巻市あゆみ野5-7	0225-95-1121
		気仙沼支所	988-0066	気仙沼市東新城3-3-3	0226-21-1020
	北部児童相談所		989-6161	大崎市古川駅南2-4-3	0229-22-0030
5　秋田	中央児童相談所		010-1602	秋田市新屋下川原町1-1	018-862-7311
	北児童相談所		018-5601	大館市十二所字平内新田237-1	0186-52-3956
	南児童相談所		013-8503	横手市旭川1-3-46	0182-32-0500
6　山形	福祉相談センター		990-0031	山形市十日町1-6-6	023-627-1195
	庄内児童相談所		997-0013	鶴岡市道形町49-6	0235-22-0790
7　福島	中央児童相談所		960-8002	福島市森合町10-9	024-534-5101
	県中児童相談所		963-8540	郡山市麓山1-1-1	024-935-0611

			郵便番号	住所	電話番号
7　福島		白河相談室	961-0074	白河市字郭内 127	0248-22-5648
	会津児童相談所		965-0003	会津若松市一箕町大字八幡字門田 1-3	0242-23-1400
		南会津相談室	967-0004	南会津町田島字天道沢甲 2542-2	0241-63-0309
	浜児童相談所		970-8033	いわき市自由が丘 38-15	0246-28-3346
		南相馬相談室	975-0031	南相馬市原町区錦町 1-30	0244-26-1135
8　茨城	福祉相談センター		310-0005	水戸市水府町 864-16	029-221-4150
		日立児童分室	317-0072	日立市弁天町 3-4-7	0294-22-0294
		鹿行児童分室	311-1517	鉾田市鉾田 1367-3	0291-33-4119
	土浦児童相談所		300-0812	土浦市下高津 3-14-5	029-821-4595
	筑西児童相談所		308-0841	筑西市二木成 615	0296-24-1614
9　栃木	中央児童相談所		320-0071	宇都宮市野沢町 4-1	028-665-7830
	県南児童相談所		328-0042	栃木市沼和田町 17-22	0282-24-6121
	県北児童相談所		329-2723	那須塩原市南町 7-20	0287-36-1058
10　群馬	中央児童相談所		379-2166	前橋市野中町 360-1	027-261-1000
		北部支所	377-0027	渋川市金井 394	0279-20-1010
	西部児童相談所		370-0829	高崎市高松町 6	027-322-2498
	東部児童相談所		373-0033	太田市西本町 41-34	0276-31-3721
11　埼玉	中央児童相談所		362-0013	上尾市上尾村 1242-1	048-775-4152
	南児童相談所		333-0848	川口市芝下 1-1-56	048-262-4152
	川越児童相談所		350-0838	川越市宮元町 33-1	049-223-4152
	所沢児童相談所		359-0042	所沢市並木 1-9-2	04-2992-4152
	熊谷児童相談所		360-0014	熊谷市箱田 5-12-1	048-521-4152
	越谷児童相談所		343-0033	越谷市恩間 402-1	048-975-4152
	草加児童相談所		340-0035	草加市西町 425-2	048-920-4152
12　千葉	中央児童相談所		263-0016	千葉市稲毛区天台 1-10-3	043-253-4101
	市川児童相談所		272-0026	市川市東大和田 2-8-6	047-370-1077
	柏児童相談所		277-0831	柏市根戸 445-12	04-7131-7175
	銚子児童相談所		288-0813	銚子市台町 2183	0479-23-0076
	東上総児童相談所		297-0029	茂原市高師 3007-6	0475-27-1733
	君津児童相談所		299-1151	君津市中野 4-18-9	0439-55-3100
13　東京	児童相談センター		169-0074	新宿区北新宿 4-6-1	03-5937-2302

		北児童相談所	114-0002	北区王子6-1-12	03-3913-5421
13	東京	品川児童相談所	140-0001	品川区北品川3-7-21	03-3474-5442
		立川児童相談所	190-0012	立川市曙町3-10-19	042-523-1321
		江東児童相談所	135-0051	江東区枝川3-6-9	03-3640-5432
		杉並児童相談所	167-0052	杉並区南荻窪4-23-6	03-5370-6001
		小平児童相談所	187-0002	小平市花小金井1-31-24	042-467-3711
		八王子児童相談所	193-0931	八王子市台町3-17-30	042-624-1141
		足立児童相談所	123-0872	足立区江北3-8-12	03-3854-1181
		多摩児童相談所	206-0024	多摩市諏訪2-6	042-372-5600
		世田谷児童相談所	156-0054	世田谷区桜丘5-28-12	03-5477-6301
14	神奈川	中央児童相談所	252-0813	藤沢市亀井野3119	0466-84-1600
		平塚児童相談所	254-0075	平塚市中原3-1-6	0463-73-6888
		鎌倉三浦地域児童相談所	238-0006	横須賀市日の出町1-4-7	046-828-7050
		小田原児童相談所	250-0042	小田原市荻窪350-1	0465-32-8000
		厚木児童相談所	243-0004	厚木市水引2-3-1	046-224-1111
15	新潟	中央児童相談所	950-0121	新潟市江南区亀田向陽4-2-1	025-381-1111
		長岡児童相談所	940-0857	長岡市沖田1-237	0258-35-8500
		上越児童相談所	943-0807	上越市春日山町3-4-17	025-524-3355
		新発田児童相談所	957-8511	新発田市豊町3-3-2	0254-26-9131
		南魚沼児童相談所	949-6680	南魚沼市六日町620-2	025-770-2400
16	富山	富山児童相談所	930-0964	富山市東石金町4-52	076-423-4000
		高岡児童相談所	933-0045	高岡市本丸町12-12	0766-21-2124
17	石川	中央児童相談所	920-8557	金沢市本多町3-1-10	076-223-9553
		七尾児童相談所	926-0031	七尾市古府町そ部8番1	0767-53-0811
18	福井	総合福祉相談所	910-0026	福井市光陽2-3-36	0776-24-5138
		敦賀児童相談所	914-0074	敦賀市角鹿町1-32	0770-22-0858
19	山梨	中央児童相談所	400-0005	甲府市北新1-2-12	055-254-8617
		都留児童相談所	402-0054	都留市田原3-5-24	0554-45-7838
20	長野	中央児童相談所	380-0872	長野市大字南長野妻科144	026-238-8010
		松本児童相談所	390-1401	松本市波田9986	0263-91-3370
		飯田児童相談所	395-0157	飯田市大瀬木1107-54	0265-25-8300

20	長野	諏訪児童相談所	392-0131	諏訪市湖南3248-3	0266-52-0056
		佐久児童相談所	385-0022	佐久市岩村田3152-1	0267-67-3437
21	岐阜	中央子ども相談センター	502-0854	岐阜市鷺山向井2563-79	058-273-1111
		西濃子ども相談センター	503-0852	大垣市禾森町5-1458-10	0584-78-4838
		中濃子ども相談センター	505-8508	美濃加茂市古井町下古井2610-1	0574-25-3111
		東濃子ども相談センター	507-8708	多治見市上野町5-68-1	0572-23-1111
		飛騨子ども相談センター	506-0032	高山市千島町35-2	0577-32-0594
22	静岡	中央児童相談所	426-0026	藤枝市岡出山2-2-25	054-646-3570
		賀茂児童相談所	415-0016	下田市中531-1	0558-24-2038
		東部児童相談所	410-8543	沼津市髙島本町1-3	055-920-2085
		富士児童相談所	416-0906	富士市本市場441-1	0545-65-2141
		西部児童相談所	438-8622	磐田市見付3599-4	0538-37-2810
23	愛知	中央児童・障害者相談センター	460-0001	名古屋市中区三の丸2-6-1	052-961-7250
		海部児童・障害者相談センター	496-8535	津島市西柳原町1-14	0567-25-8118
		知多児童・障害者相談センター	475-0902	半田市宮路町1-1	0569-22-3939
		西三河児童・障害者相談センター	444-0860	岡崎市明大寺本町1-4	0564-27-2779
		豊田加茂児童・障害者相談センター	471-0024	豊田市元城町3-17	0565-33-2211
		新城設楽児童・障害者相談センター	441-1326	新城市字中野6-1	0536-23-7366
		東三河児童・障害者相談センター	440-0806	豊橋市八町通5-4	0532-54-6465
		一宮児童相談センター	491-0917	一宮市昭和1-11-11	0586-45-1558
		春日井児童相談センター	480-0304	春日井市神屋町713-8	0568-88-7501
		刈谷児童相談センター	448-0851	刈谷市神田町1-3-4	0566-22-7111
24	三重	北勢児童相談所	510-0894	四日市市大字泊村977-1	059-347-2030
		鈴鹿児童相談所	513-0809	鈴鹿市西条5-117	059-382-9794
		中勢児童相談所	514-0113	津市一身田大古曽694-1	059-231-5666
		南勢志摩児童相談所	516-8566	伊勢市勢田町628-2	0596-27-5143
		伊賀児童相談所	518-8533	伊賀市四十九町2802	0595-24-8060
		紀州児童相談所	519-3695	尾鷲市坂場西町1-1	0597-23-3435
25	滋賀	中央子ども家庭相談センター	525-0072	草津市笠山7-4-45	077-562-1121
		彦根子ども家庭相談センター	522-0043	彦根市小泉町932-1	0749-24-3741

25	滋賀	大津・高島子ども家庭相談センター	520-0801	大津市におの浜4-4-5	077-548-7768
26	京都	家庭支援総合センター	605-0862	京都市東山区清水4-185-1	075-531-9600
		宇治児童相談所	611-0033	宇治市大久保町井ノ尻13-1	0774-44-3340
		京田辺支所	610-0332	京田辺市興戸小モ詰18-1	0774-68-5520
		福知山児童相談所	620-0881	福知山市字堀小字内田1939-1	0773-22-3623
27	大阪	中央子ども家庭センター	572-0838	寝屋川市八坂町28-5	072-828-0161
		池田子ども家庭センター	563-0041	池田市満寿美町9-17	072-751-2858
		吹田子ども家庭センター	564-0072	吹田市出口町19-3	06-6389-3526
		東大阪子ども家庭センター	577-0809	東大阪市永和1-7-4	06-6721-1966
		富田林子ども家庭センター	584-0031	富田林市寿町2-6-1 大阪府南河内府民センタービル内	0721-25-1131
		岸和田子ども家庭センター	596-0043	岸和田市宮前町7-30	072-445-3977
28	兵庫	中央こども家庭センター	673-0021	明石市北王子町13-5	078-923-9966
		洲本分室	656-0021	洲本市塩屋2-4-5	0799-26-2075
		西宮こども家庭センター	662-0862	西宮市青木町3-23	0798-71-4670
		尼崎駐在 (※電話は西宮こども家庭センターに転送されます)	661-0024	尼崎市三反田町1-1-1	06-6423-0801
		川西こども家庭センター	666-0017	川西市火打1-22-8	072-756-6633
		丹波分室	669-3309	丹波市柏原町柏原688	0795-73-3866
		姫路こども家庭センター	670-0092	姫路市新在家本町1-1-58	079-297-1261
		豊岡こども家庭センター	668-0063	豊岡市正法寺446	0796-22-4314
29	奈良	中央こども家庭相談センター	630-8306	奈良市紀寺町833	0742-26-3788
		高田こども家庭相談センター	635-0095	大和高田市大中17-6	0745-22-6079
30	和歌山	子ども・女性・障害者相談センター	641-0014	和歌山市毛見1437-218	073-445-5312
		紀南児童相談所	646-0011	田辺市新庄町3353-9	0739-22-1588
		新宮分室	647-8551	新宮市緑ヶ丘2-4-8	0735-21-9634
31	鳥取	中央児童相談所	680-0901	鳥取市江津318-1	0857-23-6080
		米子児童相談所	683-0052	米子市博労町4-50	0859-33-1471
		倉吉児童相談所	682-0021	倉吉市宮川町2-36	0858-23-1141
32	島根	中央児童相談所	690-0823	松江市西川津町3090-1	0852-21-3168

			郵便番号	住所	電話番号
		隠岐相談室	685-8601	隠岐郡隠岐の島町港町塩口24	08512-2-9706
32	島根	出雲児童相談所	693-0051	出雲市小山町70	0853-21-0007
		浜田児童相談所	697-0005	浜田市上府町イ2591	0855-28-3560
		益田児童相談所	698-0041	益田市高津4-7-47	0856-22-0083
33	岡山	中央児童相談所	700-0807	岡山市北区南方2-13-1	086-235-4152
		倉敷児童相談所	710-0052	倉敷市美和1-14-31	086-421-0991
		井笠相談室	714-8502	笠岡市六番町2-5	0865-69-1680
		高梁分室	716-8585	高梁市落合町近似286-1	0866-21-2833
		高梁分室新見相談室	718-8550	新見市高尾2400	0866-21-2833
		津山児童相談所	708-0004	津山市山北288-1	0868-23-5131
34	広島	西部こども家庭センター	734-0003	広島市南区宇品東4-1-26	082-254-0381
		東部こども家庭センター	720-0838	福山市瀬戸町山北291-1	084-951-2340
		北部こども家庭センター	728-0013	三次市十日市東4-6-1	0824-63-5181
35	山口	中央児童相談所	753-0814	山口市吉敷下東4-17-1	083-902-2189
		岩国児童相談所	740-0016	岩国市三笠町1-1-1	0827-29-1513
		周南児童相談所	745-0836	周南市慶万町2-13	0834-21-0554
		宇部児童相談所	755-0033	宇部市琴芝町1-1-50	0836-39-7514
		下関児童相談所	751-0823	下関市貴船町3-2-2	083-223-3191
		萩児童相談所	758-0041	萩市江向531-1	0838-22-1150
36	徳島	中央こども女性相談センター	770-0942	徳島市昭和町5-5-1	088-622-2205
		南部こども女性相談センター	774-0011	阿南市領家町野神319	0884-22-7130
		西部こども女性相談センター	777-0005	美馬市穴吹町穴吹字明連23	0883-53-3110
37	香川	子ども女性相談センター	760-0004	高松市西宝町2丁目6-32	087-862-8861
		西部子ども相談センター	763-0082	丸亀市土器町東8丁目526	0877-24-3173
38	愛媛	福祉総合支援センター	790-0811	松山市本町7-2	089-922-5040
		東予子ども・女性支援センター	792-0825	新居浜市星原町14-38	0897-43-3000
		南予子ども・女性支援センター	798-0060	宇和島市丸之内3-1-19	0895-22-1245
39	高知	中央児童相談所	781-5102	高知市大津甲770-1	088-866-6791
		幡多児童相談所	787-0050	四万十市渡川1-6-21	0880-37-3159
40	福岡	福岡児童相談所	816-0804	春日市原町3-1-7	092-586-0023
		久留米児童相談所	830-0047	久留米市津福本町281	0942-32-4458

		田川児童相談所	826-0041	田川市大字弓削田188	0947-42-0499
40	福岡	大牟田児童相談所	836-0027	大牟田市西浜田町4-1	0944-54-2344
		宗像児童相談所	811-3436	宗像市東郷5-5-3	0940-37-3255
		京築児童相談所	828-0021	豊前市大字八屋2007-1	0979-84-0407
41	佐賀	中央児童相談所	840-0851	佐賀市天祐1-8-5	0952-26-1212
		北部児童相談所	847-0012	唐津市大名小路3-1	0955-73-1141
42	長崎	長崎こども・女性・障害者支援センター	852-8114	長崎市橋口町10-22	095-844-6166
		佐世保こども・女性・障害者支援センター	857-0034	佐世保市万徳町10-3	0956-24-5080
43	熊本	中央児童相談所	861-8039	熊本市東区長嶺南2-3-3	096-381-4451
		八代児童相談所	866-8555	八代市西片町1660	0965-33-3247
44	大分	中央児童相談所	870-0889	大分市荏隈5丁目	097-544-2016
		中津児童相談所	871-0024	中津市中央町1-10-22	0979-22-2025
45	宮崎	中央児童相談所	880-0032	宮崎市霧島1-1-2	0985-26-1551
		都城児童相談所	885-0017	都城市年見町14-1-1	0986-22-4294
		延岡児童相談所	882-0803	延岡市大貫町1-2845	0982-35-1700
46	鹿児島	中央児童相談所	891-0175	鹿児島市桜ヶ丘6-12	099-264-3003
		大島児童相談所	894-0012	奄美市名瀬小俣町20-2	0997-53-6070
		大隅児童相談所	893-0011	鹿屋市打馬2-16-6	0994-43-7011
47	沖縄	中央児童相談所	903-0804	那覇市首里石嶺町4-404-2	098-886-2900
		八重山分室	907-0002	石垣市真栄里438-1（八重山福祉保健所内）	0980-88-7801
		宮古分室	906-0007	宮古島市平良東仲宗根476	0980-75-6505
		コザ児童相談所	904-2143	沖縄市知花6-34-6	098-937-0859
48	札幌市	札幌市児童相談所	060-0007	札幌市中央区北7条西26	011-622-8630
49	仙台市	仙台市児童相談所	981-0908	仙台市青葉区東照宮1-18-1	022-219-5111
50	さいたま市	さいたま市児童相談所	330-0071	さいたま市浦和区上木崎4-4-10	048-711-2416
51	千葉市	千葉市児童相談所	261-0003	千葉市美浜区高浜3-2-3	043-277-8880
52	横浜市	中央児童相談所	232-0024	横浜市南区浦舟町3-44-2	045-260-6510
		西部児童相談所	240-0001	横浜市保土ケ谷区川辺町5-10	045-331-5471
		南部児童相談所	235-0045	横浜市磯子区洋光台3-18-29	045-831-4735
		北部児童相談所	224-0032	横浜市都筑区茅ケ崎中央32-1	045-948-2441

53	川崎市	こども家庭センター	212-0058	川崎市幸区鹿島田 1-21-9	044-542-1234
		中部児童相談所	213-0013	川崎市高津区末長 1-3-9	044-877-8111
		北部児童相談所	214-0038	川崎市多摩区生田 7-16-2	044-931-4300
54	相模原市	相模原市児童相談所	252-0206	相模原市中央区淵野辺 2-7-2	042-730-3500
55	横須賀市	横須賀市児童相談所	238-8525	横須賀市小川町16	046-820-2323
56	新潟市	新潟市児童相談所	951-8133	新潟市中央区川岸町 1-57-1	025-230-7777
57	金沢市	金沢市児童相談所	921-8171	金沢市富樫 3-10-1	076-243-4158
58	静岡市	静岡市児童相談所	420-0947	静岡市葵区堤町 914-417	054-275-2871
59	浜松市	浜松市児童相談所	430-0929	浜松市中区中央 1-12-1	053-457-2703
60	名古屋市	名古屋市中央児童相談所	466-0858	名古屋市昭和区折戸町 4-16	052-757-6111
		名古屋市西部児童相談所	454-0875	名古屋市中川区小城町 1-1-20	052-365-3231
		名古屋市東部児童相談所	458-0801	名古屋市緑区鳴海町字小森 48-5	052-899-4630
61	京都市	京都市児童相談所	602-8155	京都市上京区竹屋町通千本東入主税町 910-25	075-801-2929
		京都市第二児童相談所	612-8434	京都市伏見区深草加賀屋敷町 24-26	075-612-2727
62	大阪市	大阪市こども相談センター	540-0003	大阪市中央区森ノ宮中央 1-17-5	06-4301-3100
		大阪市南部こども相談センター	547-0026	大阪市平野区喜連西 6-2-55	06-6718-5050
63	堺市	堺市子ども相談所	590-0808	堺市堺区旭ヶ丘中町 4-3-1 （堺市立健康福祉プラザ 3階）	072-245-9197
64	神戸市	こども家庭センター	650-0044	神戸市中央区東川崎町 1-3-1	078-382-2525
65	岡山市	岡山市こども総合相談所	700-8546	岡山市北区鹿田町 1-1-1	086-803-2525
66	広島市	広島市児童相談所	732-0052	広島市東区光町 2-15-55	082-263-0694
67	北九州市	子ども総合センター	804-0067	北九州市戸畑区汐井町 1-6	093-881-4556
68	福岡市	こども総合相談センター	810-0065	福岡市中央区地行浜 2-1-28	092-832-7100
69	熊本市	熊本市児童相談所	862-0971	熊本市中央区大江 5-1-50	096-366-8181
70	明石市	明石こどもセンター	674-0068	明石市大久保町ゆりのき通 1-4-7	078-918-5281

著者紹介

加藤尚子 （かとう しょうこ）

明治大学文学部教授 臨床心理士
公認心理師

大学での教育・研究の傍ら、児童養護施設など様々な場所
で、虐待を受けた子どもの治療や地域の子育て支援、スクー
ルカウンセラーなどの臨床活動を続ける。専門は、児童虐待
を受けた子どものトラウマやアタッチメント、子育てに関わ
る心理学。また、施設内虐待についての研究や、親の懲戒行
動とアタッチメントに関する研究などもおこなっている。東
京都児童福祉審議会委員、東京都男女平等参画審議会委員
等を歴任。

STAFF

本文・カバーイラスト ＊ すみもとななみ
装丁・本文デザイン ＊ mogmog Inc.
編集協力 ＊ 株式会社エディポック
編　集 ＊ 中村由美

2019年11月1日 初版発行©

著　者 加藤尚子
発行人 竹井 亮
発行・発売 株式会社メイト
〒114-0023
東京都北区滝野川7-46-1
明治滝野川ビル7F・8F
電　話 03-5974-1700 （代）
製版・印刷 光栄印刷株式会社

子どもの "SOS" を
見逃さない！
保育者だからできること

「虐待」見極め＆対応サポートBOOK